文章力アップ！伝わる中国語作文

楊　彩虹
趙　晴
陳　敏

朝日出版社

音声ダウンロード

 音声再生アプリ「リスニング・トレーナー」新登場（無料）

朝日出版社開発のアプリ、「リスニング・トレーナー（リストレ）」を使えば、教科書の音声をスマホ、タブレットに簡単にダウンロードできます。どうぞご活用ください。

まずは「リストレ」アプリをダウンロード

▶ App Store はこちら

▶ Google Play はこちら

アプリ【リスニング・トレーナー】の使い方

❶ アプリを開き、「コンテンツを追加」をタップ

❷ QRコードをカメラで読み込む

❸ QRコードが読み取れない場合は、画面上部に `45363` を入力し「Done」をタップします

QRコードは㈱デンソーウェーブの登録商標です

Webストリーミング音声

http://text.asahipress.com/free/ch/245363

まえがき

　"听"（聞く）"说"（話す）"读"（読む）"写"（書く）は外国語学習の四技能として知られています。書くことは重要なアウトプットです。このテキストは「中国語で文章を書く」ことに特化した作文教材です。

　このテキストは、ひとつの課を「本文」、「新出語彙」、「文章表現のポイント」、「関連表現」、「練習問題」、「作文」の六つの部分で構成しています。本文はモデル文の役割を果たしており、日本人の大学生が主役です。作文のテーマも生活に密接したものとなっています。「文章表現のポイント」には、文章を書く時の注意点、表現法などの詳しい解説があり、学生にとって理解しやすく、教員にとっても指導しやすいよう心掛けました。さらに、その課のテーマの作文でよく使う文型、機能的な表現も示しています。「関連表現」は作文をする時に参考になる表現を提示しています。「練習問題」では、キーワードを書き出し、センテンスを書くという段階を踏み、学生が無理なく中国語の作文を書けるように工夫しました。

　教室でこのテキストを使う場合、学生がペアで会話練習をしたり、お互いに作文を添削したりすることができます。さらに、グループごとにポスターを作る、「私たちの大学」について調べて発表するなどの協働学習も盛り込んでいます。これらの教室活動を通して、「書く、読む、聞く、話す」の四技能の連携を目指した「総合活動型」の作文指導が可能となります。

　また、教室内のみならず、家族や友達に聞いたり、インターネットで情報を検索したり、教室外の人、もの、情報に積極的にアクセスすることも促しています。

　このテキストの学習を通して、楽しく作文ができ、中国語の「文章を書く」能力が向上することを願っています。

著者
2021 年夏

■■■ 目　次 ■■■

01

我叫本田翔，是北海道大学二年级的学生。我的专业是经济学，学习很忙。我在一家便利店打工，一周打两次。

我的爱好是跳舞，现在参加了大学的中国舞社团。我们每周练习一次，还经常参加演出。我还喜欢旅游，上高中的时候去过英国。北海道有很多有名的景点。我最近拿到了驾照，想去北海道各地自驾游。

我家在滋贺县，那里有著名的琵琶湖和彦根城。我家有四口人，爸爸、妈妈、妹妹和我。我今年十九岁。我妹妹比我小两岁，是高中生。她喜欢弹钢琴、听音乐。

我现在一个人住在札幌，还不太习惯。最近我学会做咖喱饭了。我非常喜欢吃海鲜和拉面。北海道的寿司种类又多又新鲜，好吃极了！我喜欢看《三国演义》，所以选修了汉语。

我学汉语学了一年了，还不太会说。我觉得汉语比英语难。希望有一天我能说一口流利的汉语。我对中国历史很感兴趣，想去长城和兵马俑看看。我还喜欢吃中国菜，想

chángchang　zhèngzōng　de　　Běijīngkǎoyā.

尝尝　正宗　的 北京烤鸭。

本田翔	固 Běntián Xiáng	本田翔	海鲜 名 hǎixiān	海鮮
北海道	固 Běihǎi Dào	北海道	拉面 名 lāmiàn	ラーメン
专业	名 zhuānyè	専攻（学科）	寿司 名 shòusī	寿司
经济学	名 jīngjìxué	経済学	种类 名 zhǒnglèi	種類
周	名 zhōu	週	又〜又〜 組 yòu〜yòu〜	
现在	名 xiànzài	現在、今		〜でもあり、〜でもある
社团	名 shètuán	サークル	新鲜 形 xīnxiān	新鮮である
演出	名・動 yǎnchū	出演、出演する	极了 組 jíle	とても、実に
景点	名 jǐngdiǎn	観光名所、観光スポット	三国演义 固 Sānguóyǎnyì	三国志
拿到	組 nádào	手に入る、手に入れる	选修 動 xuǎnxiū	選択して履修する
驾照	名 jiàzhào	運転免許証	觉得 動 juéde	
各地	名 gèdì	各地		感じる、思う、〜のような気がする
自驾游	動 zìjiàyóu	マイカー旅行	希望 動・名 xīwàng	希望する、望む、希望
滋贺县	固 Zīhè Xiàn	滋賀県	对〜感兴趣 組 duì〜gǎnxìngqù	
琵琶湖	固 Pípa Hú	琵琶湖		〜に興味を持っている
彦根城	固 Yàngēnchéng	彦根城	长城 固 Chángchéng	万里の長城
札幌	固 Zháhuǎng	札幌	兵马俑 固 Bīngmǎyǒng	兵馬俑
习惯	動・名 xíguàn	慣れる、習慣	正宗 形 zhèngzōng	本場の、本格的な
学会	組 xuéhuì	マスターする	北京烤鸭 固 Běijīngkǎoyā	北京ダック
咖喱饭	名 gālífàn	カレーライス		

7

文章表現のポイント

1 作文の形式と標点符号の使い方

❶ 作文の形式

タイトルは行の中央に書く。著者の名前を書く場合は中央でも、右寄せでも構わない。著者名がない場合は一行空ける。各段落の書き出しは2字さげる。

❷ 標点符号の使い方（付録1を参照）

中国語の読点は「，」を用い、単語、フレーズの並列を表す時は「、」を使う。

Wǒ jiā yǒu sì kǒu rén, bàba, māma, mèimei hé wǒ.

我家有四口人，爸爸、妈妈、妹妹和我。 私は4人家族で、父、母、妹、私です。

書名や映画のタイトルは「《 》」を用いる。

Wǒ xǐhuan kàn «Sānguóyǎnyì».

我喜欢看《三国演义》。 私は『三国志』を読むのが好きです。

2 主語の省略

Wǒ jiào Běntián Xiáng, shì Běihǎidàodàxué èr niánjí de xuésheng.

我叫本田翔，是北海道大学二年级的学生。

私は本田翔と言います。北海道大学二年生です。

Xīngqī'èr yí xià kè, wǒ jiù qù dǎgōng.

星期二一下课，我就去打工。 火曜日授業が終わると、すぐアルバイトに行きます。

3 人称代名詞と指示代名詞

Wǒ yǒu yí ge mèimei, tā shì gāozhōngshēng.

我有一个妹妹，她是高中生。 私には妹が一人いて、彼女は高校生です。

Wǒ jiā zài Zīhè Xiàn, nàlǐ yǒu zhùmíng de Pípa Hú hé Yàngēnchéng.

我家在滋贺县，那里有著名的琵琶湖和彦根城。

私の家は滋賀県にあり、そこには有名な琵琶湖と彦根城があります。

関連表現

Wǒ láizì Dōngjīng.

我来自东京。 私は東京から来ました。

Wǒ shì zǒudúshēng.

我是走读生。 私は自宅から学校に通っています。

Wǒ yǒushí yǒudiǎnr xiǎngjiā.

我有时有点儿想家。 私は時々ホームシックにかかります。

1. 自分のことについて、中国語でキーワードを書いてください。

2. 家族や友達に自分のことについて聞いて、中国語でキーワードを書いてください。

第 1 課

3. 自分のことについて、中国語で文を書いてください。

家人（家族）

故乡（ふるさと）

爱好（趣味）

我

大学、院系（大学、学部）

名字的含义（名前に込められた思い）

作文

自己紹介を書いてください。

05

Wǒ de xìnggé yǒudiǎnr nèixiàng, bútài shànyú zhǔdòng gēn biérén shuōhuà, suǒyǐ
我 的 性格 有点儿 内向，不太 善于 主动 跟 别人 说话，所以

péngyou bútài duō. Kěshì, wǒ yǒu liǎng ge guānxi tèbié hǎo de péngyou, yí ge jiào
朋友 不太 多。可是，我 有 两 个 关系 特别 好 的 朋友，一 个 叫

Língmù Rén; lìng yí ge jiào Shāntián Dàzhì.
铃木 仁；另 一 个 叫 山田 大志。

Língmù shì wǒ de gāozhōng tóngxué, gèzi hé wǒ chàbuduō gāo, xìnggé yě hěn
铃木 是 我 的 高中 同学，个子 和 我 差不多 高，性格 也 很

xiàng. Tā zǒngshì hěn lǐjiě wǒ, yǒushíhou wǒ juéde tā hǎoxiàng shì lìng yí ge zìjǐ.
像。他 总是 很 理解 我，有时候 我 觉得 他 好像 是 另 一 个 自己。

Wǒ zài dàxué Hànyǔkè shàng gāng xuéhuì yí ge xīn dāncí "zhījǐ", wǒ xiǎng wǒ hé
我 在 大学 汉语课 上 刚 学会 一 个 新 单词"知己"，我 想 我 和

Língmù jiù suàn shì zhījǐ ba. Gāozhōng bìyè hòu, wǒ kǎoshàngle Běihǎidàodàxué, tā
铃木 就 算 是 知己 吧。高中 毕业 后，我 考上了 北海道大学，他

kǎoshàngle Mínggǔwūdàxué. Suīrán bù néng měitiān jiànmiàn le, dàn wǒmen háishi chángcháng
考上了 名古屋大学。虽然 不 能 每天 见面 了，但 我们 还是 常常

hùxiāng fā yóujiàn, shuōshuo gèzì de jìnkuàng.
互相 发 邮件，说说 各自 的 近况。

Lìng yí ge hǎopéngyou Shāntián shì wǒ dàxué de tóngxué. Tā de xìnggé yǔ wǒ
另 一 个 好朋友 山田 是 我 大学 的 同学。他 的 性格 与 我

wánquán xiāngfǎn, shì ge yángguāng dà nánháir. Tā xǐhuan kāi wánxiào, érqiě jīngcháng
完全 相反，是 个 阳光 大 男孩儿。他 喜欢 开 玩笑，而且 经常

gǔlì wǒ, gěi wǒ xìnxīn. Tā de kāilǎng yǐngxiǎngle wǒ, wǒ juéde wǒ zuìjìn wàixiàng
鼓励 我，给 我 信心。他 的 开朗 影响了 我，我 觉得 我 最近 外向

le yìxiē. Yǒu zhèyàng de liǎng ge hǎopéngyou, wǒ juéde zhēn xìngyùn. Péngyou, shì wǒ
了 一些。有 这样 的 两 个 好朋友，我 觉得 真 幸运。朋友，是 我

yìshēng de cáifù.
一生 的 财富。

好朋友 [組] hǎopéngyou	親友	考上 [組] kǎoshàng	受かる
性格 [名] xìnggé	性格	虽然～但(是) [組] suīrán ～ dàn(shì)	
内向 [形] nèixiàng	内向的		～けれども、しかし～
善于 [動] shànyú	～に長けている	还是 [副] háishi	相変わらず
主动 [形] zhǔdòng	積極的	互相 [副] hùxiāng	お互いに
别人 [名] biérén	他の人	发邮件 [組] fāyóujiàn	メールを送る
所以 [接] suǒyǐ	～だから～	各自 [代] gèzì	それぞれ、各自
关系 [名] guānxi	関係、仲	近况 [名] jìnkuàng	近況
特别 [副] tèbié	特に、とても	与 [介] yǔ	〈書〉～と
铃木仁 [固] Língmù Rén	鈴木仁	完全 [副] wánquán	完全に、まったく
另 [代] lìng	別の	相反 [形] xiāngfǎn	逆
山田大志 [固] Shāntián Dàzhì	山田大志	阳光大男孩儿 [組] yángguāngdànánháir	
个子 [名] gèzi	背、身長		明るい男の子
差不多 [形] chàbuduō		开玩笑 [組] kāiwánxiào	冗談を言う
	あまり差がない、殆ど同じ	而且 [接] érqiě	その上、しかも
像 [動] xiàng	似ている	鼓励 [動] gǔlì	励ます
总是 [副] zǒngshì	いつも	给 [動・介] gěi	
理解 [動] lǐjiě	理解する		あげる、くれる、～に、～のために
好像 [動] hǎoxiàng	～のようだ	信心 [名] xìnxīn	自信
刚 [副] gāng	～したばかり	开朗 [形] kāilǎng	明るい
知己 [名] zhījǐ		影响 [動・名] yǐngxiǎng	影響する、影響
	自分のことをよく理解してくれている人	外向 [形] wàixiàng	外向的
算 [動] suàn	～と言える	幸运 [形] xìngyùn	幸運だ
毕业 [動] bì//yè	卒業する	财富 [名] cáifù	財産

第2课

11

文章表現のポイント

1 人物の描写

❶ 人物の全体的な印象から細部の描写へ展開するように書く。人物の言葉、行動など具体的なことを書くと、その人の特徴や性格がより鮮明になる。

❷ 多数の人物を描く場合、それぞれの最も読者に印象を与えられる特徴をよく捉えて書かなければならない。同じ表現が重ならないように注意する。

2 接続詞

Wǒ de xìnggé yǒudiǎnr nèixiàng, bútài shànyú zhǔdòng gēn biérén shuōhuà, suǒyǐ péngyou bútài duō.

我的性格有点儿内向，不太善于主动跟别人说话，所以朋友不太多。

私の性格は少し内向的で、他の人と積極的に話すのがあまり得意ではありません。そのため、友達があまり多くありません。

Kěshì, wǒ yǒu liǎng ge guānxi tèbié hǎo de péngyou.

可是，我有两个关系特别好的朋友。　　でも、特に仲がいい親友が二人います。

Suīrán bù néng měitiān jiànmiàn le, dàn wǒmen háishi chángcháng hùxiāng fā yóujiàn.

虽然不能每天见面了，但我们还是常常互相发邮件。

毎日会えなくなったけど、相変わらずよくお互いにメールを送ります。

Tā xǐhuan kāi wánxiào, érqiě jīngcháng gǔlì wǒ, gěi wǒ xìnxīn.

他喜欢开玩笑，而且经常鼓励我，给我信心。

彼は冗談を言うのが好きで、その上いつも私を励まして自信を持たせてくれます。

関連表現

Wǒmen hěn yàohǎo, xiàng qīnxiōngdì yíyàng.

我们很要好，像亲兄弟一样。　　　　　私たちはとても仲がよく、本当の兄弟のようです。

Tā shì wǒ de tóngxué, yě shì wǒ de hǎopéngyou.

他是我的同学，也是我的好朋友。　　　彼は私の同級生でもあり、親友でもあります。

Zhījǐ nán qiú a!

知己难求啊！　　　　　　　　　　　知己は得難いものですね。

Wǒ hé dìdi jīngcháng chǎojià, dànshì huì mǎshàng héhǎo.

我和弟弟经常吵架，但是会马上和好。

私は弟とよく喧嘩しますが、すぐ仲直りします。

Zài jiā kào fùmǔ, chūmén kào péngyou.

在家靠父母，出门靠朋友。

家にいる時は親を頼りにし、家を離れて生活する時は友達を頼りにします。

練 習 問 題

1. 紹介したい人の特徴を中国語で書いてください。

性格（性格）

样子（見た目の特徴）

经常说的话（よく口にする言葉）

名字（名前）

难忘的事（忘れられない出来事）

和自己的关系（自分との関係）

2. 中国語で質問に答えてください。

（1）你有几个好朋友？ （あなたは親友が何人いますか。）

- -

（2）你们为什么成为朋友？ （なぜ友達になったんですか。）

- -

（3）现在你和他/她怎么联系？ （いまどうやって連絡を取っていますか。）

- -

（4）他/她给了你什么影响？ （彼/彼女からどのような影響を受けましたか。）

- -

（5）你觉得你一生的财富是什么？ （あなたにとって一生の財産は何ですか。）

- -

作文

友人、家族、好きなアイドル、尊敬する人、ペットのいずれかについて作文を書いてください。

第**2**課

13

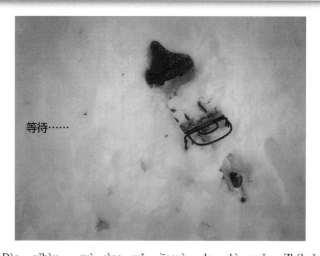

等待……

09

Lái Běihǎi Dào yǐhòu, zuì ràng wǒ jīngyà de shì xuě. Zháhuǎng de xuějì hěn
来 北 海 道 以后， 最 让 我 惊讶 的 是 雪。 札幌 的 雪季 很

cháng, cóng shí'èryuè dào dì èr nián èryuè. Yǒushí shènzhì huì yìlián xià hǎo jǐ tiān,
长， 从 十二月 到 第 二 年 二月。 有时 甚至 会 一连 下 好 几 天，

dì shàng de jīxuě yuè lái yuè hòu. Lóufáng、 jiēdào、 shùmù dōu fùgàizhe xuě, zhěnggè
地 上 的 积雪 越 来 越 厚。 楼房、 街道、 树木 都 覆盖着 雪， 整个

chéngshì yínzhuāngsùguǒ, hǎoxiàng biànchéngle yí ge tónghuà shìjiè. Búguò, jīxuě yě gěi
城市 银装素裹， 好像 变成了 一 个 童话 世界。 不过， 积雪 也 给

rénmen de rìcháng shēnghuó dàiláile hěn duō búbiàn. Bǐrú dōngtiān bù néng qí zìxíngchē,
人们 的 日常 生活 带来了 很 多 不便。 比如 冬天 不 能 骑 自行车，

zǒulù yě yào xiǎoxīnyìyì.
走路 也 要 小心翼翼。

Yǒu yì tiān, xuézhǎng shuō tā yào bìyè le, xiǎng bǎ zìxíngchē sònggěi wǒ. Wǒ
有 一 天， 学长 说 他 要 毕业 了， 想 把 自行车 送给 我。 我

hěn gāoxìng. Tā dài wǒ láidào lùbiān, zhǐzhe yí liàng máizài xuěduī lǐ de zìxíngchē
很 高兴。 他 带 我 来到 路边， 指着 一 辆 埋在 雪堆 里 的 自行车

shuō: "Jiù shì zhè liàng, děng míngnián chūntiān xuě huàle, tā jiù shì nǐ de le." Suíhòu
说："就 是 这 辆， 等 明年 春天 雪 化了， 它 就 是 你 的 了。" 随后

tā bǎ chē yàoshi jiāogěile wǒ. Dì èr nián xuě huàle yǐhòu, nà liàng zìxíngchē
他 把 车 钥匙 交给了 我。 第 二 年 雪 化了 以后， 那 辆 自行车

wánquán lòule chūlai, xiùjìbānbān de, chēkuāng yě bèi xuě yāhuàile. Yúshì wǒ bǎ zhè
完全 露了 出来，锈迹斑斑 的， 车筐 也 被 雪 压坏了。 于是 我 把 这

liàng zìxíngchē xiūlǐle yíxià. Xiūlǐ zhīhòu, juéde tǐng hǎo de. Xiànzài wǒ měitiān
辆 自行车 修理了 一下。修理 之后，觉得 挺 好 的。现在 我 每天

qízhe tā qù shàngxué. Wǒ xiǎng děng wǒ bìyè de shíhou, huì bǎ zhè liàng "xuě zhōng
骑着 它 去 上学。我 想 等 我 毕业 的 时候，会 把 这 辆 "雪 中

zìxíngchē" zài sònggěi yī niánjí de tóngxué.
自行车"再 送给 一 年级 的 同学。

新出語彙

🎧 10

海报 名 hǎibào	ポスター	带来 组 dàilái	もたらす、持って来る
以后 名 yǐhòu	～の後、～してから	不便 形 búbiàn	不便である
让 動 ràng	させる	比如 接 bǐrú	例えば
惊讶 形 jīngyà	不思議がる、驚く	走路 動 zǒu//lù	歩く
雪季 名 xuějì	雪のシーズン	小心翼翼 成 xiǎoxīnyìyì	
甚至 副 shènzhì	～さえ、～すら、ひいては		慎重である、注意深い
一连 副 yìlián	引き続き、続けざまに	学长 名 xuézhǎng	先輩、学兄
地 名 dì	地面	指 動 zhǐ	指さす、指し示す
积雪 名 jīxuě	積雪	埋 動 mái	埋める、覆う
越来越 副 yuèláiyuè		雪堆 名 xuěduī	雪のたまり
	ますます～になる、だんだん～になる	化 動 huà	とける
厚 形 hòu	厚い	随后 副 suíhòu	
楼房 名 lóufáng	2階建て以上の建物、ビル		（その）あとで、（それに）続いて
街道 名 jiēdào	通り、街路	钥匙 名 yàoshi	鍵
树木 名 shùmù	樹木、木（の総称）	交给 動 jiāogěi	手渡す、渡す
覆盖 動 fùgài	覆う、かぶさる	露 動 lòu	現れる、現す、さらけ出す
整个 形 zhěnggè	全体、全部	锈迹斑斑 成 xiùjìbānbān	錆びついた
银装素裹 成 yínzhuāngsùguǒ		车筐 名 chēkuāng	自転車のかご
	雪化粧する、雪で覆われる	被 介 bèi	～に～される
变成 组 biànchéng	～に変わる、～に変える	压 動 yā	押す、押さえる
童话 名 tónghuà	童話、おとぎ話	于是 接 yúshì	そこで、それで
世界 名 shìjiè	世界	修理 動 xiūlǐ	修理する、直す
日常 形 rìcháng	日常の		

文章表現のポイント

1 ポスターの書き方

❶ ポスターの目的に応じて、日時、場所、申し込み方法などの必要情報を書く。

❷ 誰を対象にした、何を目的としたポスターなのかを考える。

❸ 内容にふさわしい写真またはイラストを選び、人を引き付けるキャッチフレーズを考える。

❹ 文字の配置、サイズ、字体、色などを工夫する。

2 書き言葉と話し言葉

❶ 単音節の話し言葉には対応している二音節の書き言葉がある。

　　例えば、"树－树木"、"买－购买"。

❷ 二音節以上の話し言葉が単音節の書き言葉で表せる場合もある。

　　例えば、"因为－因"、"已经－已"、"的时候－时"。

❸ 話し言葉と書き言葉で違う単語を使う場合がある。

　　例えば、"号－日"、"把－将"。

❹ "儿"、"子"、"头" のような接尾辞が付くのはほとんど話し言葉である。

　　例えば、"花儿－花"、"车子－车"、"（手）指头－手指"。

ポスター

SDGs（持続可能な開発目標）中国語版

野生動物保護の看板

我家一楼是"船库"

京都府伊根町の船屋

北海道中国武術倶楽部交流表演会ポスター

#日帰りなんてマジカ #奈良

奈良市観光協会のポスター
（画像提供：奈良市観光協会）

練 習 問 題

作文

以下の手順で、グループでポスターを作成し、発表して下さい。

(1) 各自で写真を2枚用意し、持って来る。

(2) グループで一人ずつ写真を紹介し、みんなで相談してポスターにする写真を決める。

(3) キャッチフレーズを考える。

(4) 紹介文を書く。

(5) グループごとに発表する。

11

我给大家介绍一下我的拿手菜。

在中国西红柿炒鸡蛋是一道大家都知道的家常菜。

食材简单，做法简单，又好吃又好看。

我先介绍一下食材：两个西红柿、两个鸡蛋、油、西红柿酱、盐和糖。

先把西红柿洗干净，切成块。鸡蛋打在碗里，加一点儿盐，搅拌均匀。

然后开始做。把锅放在火上，加入两大勺油。油热后，放入鸡蛋汁，炒成鸡蛋块倒出。接着再往锅里倒入两勺油，放入西红柿炒到西红柿出汁。然后放入炒好的鸡蛋，翻炒以后，加入西红柿酱、盐、糖，煮一分钟。这样一盘香喷喷的西红柿炒鸡蛋就做好了。

这道菜是一位中国留学生教我的。她说小时候她妈妈常常做西红柿炒鸡蛋给她吃，西红柿炒鸡蛋就是她童年的美好回忆。

拿手菜	名	náshǒucài	得意料理		
西红柿	名	xīhóngshì	トマト		
炒	動	chǎo	炒める		
鸡蛋	名	jīdàn	卵		
道	量	dào	品		
家常菜	名	jiāchángcài	家庭料理		
食材	名	shícái	食材		
简单	形	jiǎndān	簡単、やさしい		
做法	名	zuòfǎ	作り方		
好看	形	hǎokàn	きれい		
油	名	yóu	油		
西红柿酱	名	xīhóngshìjiàng	ケチャップ		
盐	名	yán	塩		
糖	名	táng	砂糖		
切	動	qiē	切る		
块	名	kuài	塊		
打	動	dǎ	割る		
碗	名	wǎn	茶碗		

加	動	jiā	加える
搅拌	動	jiǎobàn	混ぜる
均匀	形	jūnyún	均等である
锅	名	guō	鍋
火	名	huǒ	火
加入	動	jiārù	入れる、加える
勺	量	sháo	さじ
汁	名	zhī	汁
倒	動	dào	傾ける、入れる
接着	接	jiēzhe	続いて
翻炒	組	fānchǎo	炒め合わせる
煮	動	zhǔ	煮る
盘	量	pán	皿に盛った料理の数を数える
香喷喷	形	xiāngpēnpēn	香り高い
童年	名	tóngnián	幼年時代、子供時代
美好	形	měihǎo	美しい、すばらしい、よい
回忆	名・動	huíyì	思い出、思い出す

文章表現のポイント

1 プロセスを説明する文章の書き方

❶ プロセス（過程や手順、方法）を説明するときは、難しい表現を避け、読み手に分かりやすい表現を心掛けよう。

❷ 料理の作り方を紹介する場合は、食材や量、味の特徴などを具体的に記載し、作る手順に沿って書くとよい。

2 順番を表す表現

Xiān zhǔnbèi yìxiē xīnxiān shūcài.

先准备一些新鲜蔬菜。　　　　　　まず新鮮な野菜を用意します。

Jiēzhe zhá jīkuài.

接着炸鸡块。　　　　　　　　　　続いて鶏肉を揚げます。

Ránhòu fàng yìdiǎnr jiàngyóu.

然后放一点儿酱油。　　　　　　　それから醤油を少し入れます。

Zuìhòu jiā yì sháo báitáng.

最后加一勺白糖。　　　　　　　　最後に砂糖をひとさじ加えます。

3 "把" 構文

Bǎ miànfěn fàngzài yí ge miànpén lǐ.

把面粉放在一个面盆里。　　　　　小麦粉をボールに入れます。

Bǎ shūcàimò hé zhūròumò jiǎobàn jūnyún.

把蔬菜末和猪肉末搅拌均匀。

みじん切りした野菜を豚のミンチ肉と均一になるまで混ぜます。

関 連 表 現

Wǒ gěi nǐ jièshào yíxià wǒ xǐhuan de Rìběncài .

我给你介绍一下我喜欢的日本菜。　　あなたに私の好きな日本料理を紹介します。

Zhè dào cài yòu suān yòu tián.

这道菜又酸又甜。　　　　　　　　この料理は甘酸っぱいです。

Zuìhòu fàngrù gālíkuài, jiǎobàn jūnyún, xiǎohuǒ zhǔ shí fēnzhōng jiù hǎo le.

最后放入咖喱块，搅拌均匀，小火煮十分钟就好了。

最後にカレールーを入れ、均一に混ぜてから弱火で10分煮込めば出来上がりです。

1. よく知っている料理を中国語で簡単に紹介してください。

料理名：..

食材：...

調味料：...

味の特徴：...

作る手順：...

....

....

....

第
4
課

2. 好きな料理について中国語で質問に答えてください。

（1）你最喜欢吃什么菜？ （あなたが最も好きな料理は何ですか。）

....

（2）那是什么味道的菜？ （それはどんな味の料理ですか。）

....

（3）你在哪里吃的？ （どこで食べましたか。）

....

（4）你为什么喜欢吃这道菜？ （なぜその料理が好きですか。）

....

（5）这道菜会让你想起什么？ （その料理で何を思い出しますか。）

....

作文

料理を紹介する文章を書いてください。

（例えば、自分の得意料理、最も好きな料理、お母さんの得意料理、日本料理、中華料理など）

第5课 充实快乐的一天

Jīntiān shì zhōumò, zhōngwǔ wǒ chūmén hé dàxué de jǐ ge péngyou qù lǎorénzhījiā
今天 是 周末，中午 我 出门 和 大学 的 几 个 朋友 去 老人之家

zuò yìgōng.
做 义工。

Wǒmen zài dàxué jíhé, ránhòu yìqǐ dàole dàxué fùjìn de lǎorénzhījiā.
我们 在 大学 集合，然后 一起 到了 大学 附近 的 老人之家。

Wǒmen péi lǎorénmen liáotiānr, xiàqí, qítā dàxué de jǐ ge dàxuéshēng hái gěi tāmen
我们 陪 老人们 聊天儿、下棋，其他 大学 的 几 个 大学生 还 给 他们

biǎoyǎnle jiémù. Yǒu yí ge jiào "Qiānxiāng" de nǚ tóngxué chàng gē chàng de fēicháng
表演了 节目。有 一 个 叫 "千香" 的 女 同学 唱 歌 唱 得 非常

hǎo, érqiě xiàoróng tiánměi, dàjiā dōu kuājiǎng tā kě'ài, wǒ yě juéde tā hěn kě'ài,
好，而且 笑容 甜美，大家 都 夸奖 她 可爱，我 也 觉得 她 很 可爱，

búguò bùhǎoyìsi shuōchūlai. Lǎorénmen dōu jīngshénjuéshuò, lèguān jiàntán, yǒu yí wèi
不过 不好意思 说出来。老人们 都 精神矍铄，乐观 健谈，有 一 位

lǎorén hái gěi wǒ jiǎngle tā niánqīng shí de àiqíng gùshì ne. Hé lǎorénmen zài yìqǐ,
老人 还 给 我 讲了 他 年轻 时 的 爱情 故事 呢。和 老人们 在 一起，

wǒ xiǎngqǐle wǒ de yéye, nǎinai, lǎoye, lǎolao, wǒ xiǎng fàngjià hòu yídìng yào qù
我 想起了 我 的 爷爷、奶奶、姥爷、姥姥，我 想 放假 后 一定 要 去

kànwàng tāmen.
看望 他们。

Xiàwǔ wǒmen líkāile lǎorénzhījiā, yìqǐ zài kāfēidiàn hēle chá. Qiānxiāng yě
下午 我们 离开了 老人之家，一起 在 咖啡店 喝了 茶。千香 也

hé wǒmen yìqǐ zài kāfēidiàn yòu shuō yòu xiào, zhēn kāixīn a! Fēnshǒu shí, wǒmen
和 我们 一起 在 咖啡店 又 说 又 笑，真 开心 啊！分手 时，我们

hùxiāng jiāohuànle "Liánwǒ", wǒ xīwàng néng zài jiàndào tā.
互相 交换了 "连我"，我 希望 能 再 见到 她。

Wǎnshang dúshū de shíhou, dúdào Mèngzǐ de míngyán – Lǎo wú lǎo yǐ jí rén zhī
晚上 读书 的 时候，读到 孟子 的 名言－老吾老以及人之

lǎo, yòu wú yòu yǐ jí rén zhī yòu. Zhèng shì rú cǐ! Wǒ juéde duì lǎorén hé háizi
老，幼吾幼以及人之幼。正 是 如此！我 觉得 对 老人 和 孩子

de   tàidù   jiùshì   duì   shèhuì,   duì rénshēng de   tàidù. Tōngguò jīntiān de tǐyàn,   wǒ

的 态度 就是 对 社会、对 人生 的 态度。通过 今天 的 体验，我

hǎoxiàng yòu zhǎngdàle   yìdiǎnr   ……

好像 又 长大了 一点儿……

新 出 語 彙

16

充实 形 chōngshí	充実している	
出门 動 chū//mén	出かける	
老人之家 名 lǎorénzhījiā	老人ホーム	
义工 名 yìgōng	ボランティア活動	
集合 動 jíhé	集合する	
陪 動 péi	付き添う、相手をする	
下棋 動 xià//qí	将棋や囲碁をする	
其他 代 qítā	他の	
表演 動 biǎoyǎn	演じる、出演する	
节目 名 jiémù	番組、出し物	
千香 固 Qiānxiāng	千香	
笑容 名 xiàoróng	笑顔	
甜美 形 tiánměi	甘い、美しい	
夸奖 動 kuājiǎng	褒める	
可爱 形 kě'ài	可愛い	
说出来 組 shuōchūlai	言いだす	
精神矍铄 成 jīngshénjuéshuò	かくしゃくとしている	
乐观 形 lèguān	楽観的である	

健谈 形 jiàntán	話し好きである	
年轻 形 niánqīng	若い	
爱情故事 組 àiqínggùshì	恋物語、ラブストーリー	
想起 組 xiǎngqǐ	思い出す	
看望 動 kànwàng	訪ねる、会いに行く	
离开 動 líkāi	離れる	
分手 動 fēn//shǒu	別れる	
交换 動 jiāohuàn	交換する	
连我 固 Liánwǒ	ライン	
孟子 固 Mèngzǐ	孟子	
名言 名 míngyán	名言	
正是如此 組 zhèngshìrúcǐ	まさにその通りだ	
孩子 名 háizi	子供	
态度 名 tàidù	態度	
社会 名 shèhuì	社会	
人生 名 rénshēng	人生	
通过 動・介 tōngguò	通過する、～を通して	
体验 動・名 tǐyàn	体験する、経験する、経験	

*老吾老以及人之老，幼吾幼以及人之幼。Lǎo wú lǎo yǐ jí rén zhī lǎo, yòu wú yòu yǐ jí rén zhī yòu.

我が家の年老いた父兄を老人として敬い仕え、この同じ心持ちを他人の老父兄にも及ぼしていき、我が家の幼い子弟を幼い者としていたわり慈しみ、この同じ心持ちを他人の幼い者にも及ぼしていく。

文章表現のポイント

1 記述文を書く時の注意点

❶ 出来事を述べる時、時間、場所、人物を明確にする必要がある。

❷ 書きたい人物や場面を映画のワンシーンのように頭に浮かべながら文章を作る。人物の特徴や描きたい場面など、読者に伝えたいことが伝わるように作文する。

2 動作の順番、動作を行う時間

Wǒmen (xiān) zài dàxué jíhé, ránhòu yìqǐ dàole dàxué fùjìn de lǎorénzhījiā.

我们（先）在大学集合，然后一起到了大学附近的老人之家。

私たちは大学で集合してから大学の近くにある老人ホームに行きました。

Wǒ xiǎng fàngjià (yǐ) hòu yídìng yào qù kànwàng tāmen.

我想放假（以）后一定要去看望他们。

休みになったら、彼らに会いに行こうと思います。

Fēnshǒu shí, wǒmen hùxiāng jiāohuànle "liánwǒ".

分手时，我们互相交换了"连我"。

別れる時に、私たちはお互いにLINEを交換しました。

Wǎnshang dúshū de shíhou, dúdào Mèngzǐ de míngyán.

晚上读书的时候，读到孟子的名言。

夜、読書をしている時に、孟子の名言に出会いました。

3 引用する時の書き方

Rìběnrén chángcháng shuō: "Rì rì shì hǎo rì."

日本人常常说："日日是好日。" 　　日本人はよく「日日是好日」と言います。

Shāntián shuō tā kěyǐ jiāo wǒ huáxuě.

山田说他可以教我滑雪。 　　山田さんは私にスキーを教えてくれると言いました。

関連表現

Yí rì zhī jì zài yú chén.

一日之计在于晨。 　　一日の計は朝にあり。

Jīntiān shì duōme měihǎo de yì tiān a!

今天是多么美好的一天啊！ 　　今日はなんと素晴らしい一日でしょう！

Duì wǒ lái shuō, jīntiān fēicháng zhòngyào.

对我来说，今天非常重要。 　　私にとって、今日は非常に重要です。

1. 自分の一日について中国語で書いてください。

什么时候（いつ）	做什么了（何をしましたか）	怎么样（どうでしたか）

2. 自分の一日について中国語で質問に答えてください。

(1) 什么事或什么人给你留下了深刻的印象？（どんな出来事や人が印象に残りましたか。）

----

(2) 你先做了什么，然后做了什么？（まず何をして、それから何をしましたか。）

----

(3) 你为什么做这件事？（どうしてそれをしましたか。）

----

(4) 有什么收获或者新的认识？（どんな収穫や新しい気づきがありましたか。）

----

(5) 你的心情怎么样？（どんな気持ちでしたか。）

----

(6) 今天是怎么样的一天？（今日はどんな一日でしたか。）

作文

私の一日（タイトル自由）について作文を書いてください。

（例えば：楽しかった一日、忘れられない一日、ついてない一日、平凡な一日、休みの日、理想的な一日など）

第5課

🎧 19

我的爱好是跳舞，从五岁开始学跳芭蕾舞。从什么也不懂的小白到可以轻盈地小跳，优雅地转圈。一年一度的演出总是让我又期待又有些紧张。通过每天枯燥的练习，我一点一点地进步。我想，这也许和学外语有共通之处。忙碌的学习之余，随着音乐跳舞的时候最开心。演出时还会获得很大的成就感，但更多的还是要好好练习的动力。

大一的时候，在学园节上看到中国舞蹈，我被深深地吸引住了。舞者们穿着美丽的汉服随着音乐翩翩起舞。于是我也参加了中国舞社团。我们社团有很多中国留学生。除了学习舞蹈，还可以跟他们练习中文，可谓一举两得。一年以来，我们参加了多次中日友好交流活动。每次表演都得到热烈的掌声，还有一些观众来和我们合影留念。去年我们参加了大学举办的国际文化比赛，没想到得了第二名。太开心了！

跳舞让我收获满满。我喜欢舞蹈和我的小伙伴们！

新出語彙

20

芭蕾舞 名	bālěiwǔ	バレエ	
小白 名	xiǎobái	初心者、ど素人	
轻盈 形	qīngyíng	しなやかである、軽やかである	
小跳 動	xiǎotiào	ソテ（バレエの飛ぶ動き）	
优雅 形	yōuyǎ	優雅である	
转圈 動	zhuàn//quān	回る、ターン	
一度 組	yídù	一度	
期待 動・形	qīdài	期待する、待ち望む	
有些 副・代	yǒuxiē	少し、いくらか、一部（の）	
紧张 形	jǐnzhāng	緊張する	
枯燥 形	kūzào	単調である、面白みがない	
进步 動・形	jìnbù	進歩する、進歩的である	
也许 副	yěxǔ	もしかしたら〜かもしれない	
共通之处 組	gòngtōngzhīchù	共通点	
忙碌 形	mánglù	忙しい、せわしい	
之余 組	zhīyú	〜以外、〜の後	
随着 介	suízhe	〜に従って、〜につれて	
获得 動	huòdé	獲得する、得る	
成就感 組	chéngjiùgǎn	達成感	
动力 名	dònglì	意欲、モチベーション	

学园节 名	xuéyuánjié	学園祭	
深 形	shēn	深い	
吸引 動	xīyǐn	引きつける	
舞者 名	wǔzhě	ダンサー	
汉服 名	Hànfú	漢服	
翩翩起舞 成	piānpiānqǐwǔ	ひらひらと舞い踊る	
除了〜还〜 組	chúle〜hái〜	〜を除いて、〜のほか	
可谓 動	kěwèi	〈書〉〜と言うことができる	
一举两得 成	yìjǔliǎngdé	一挙両得、一石二鳥	
交流 名・動	jiāoliú	交流、交流する	
热烈 形	rèliè	熱烈である、激しい	
掌声 名	zhǎngshēng	拍手の音	
合影 動	hé//yǐng	一緒に写真を写す	
留念 動	liú/niàn	記念に残す	
举办 動	jǔbàn	行う、開催する	
国际 名	guójì	国際	
收获 名	shōuhuò	収穫、成果	
满 形	mǎn	いっぱいである	
伙伴 名	huǒbàn	仲間	

第 **6** 课

文章表現のポイント

1　文章の書き出し

❶本題・結論から述べる。

Wǒ de àihào shì chànggē.

我的爱好是唱歌。　　　　　　　　私の趣味は歌を歌うことです。

❷質問文で始める。

Rúguǒ yǒu rén wèn wǒ: "Nǐ de àihào shì shénme?" Wǒ huì háobùyóuyù de huídá: "Wǒ xǐhuan huà huàr."

如果有人问我："你的爱好是什么？"我会毫不犹豫地回答："我喜欢画画儿。"

もし「趣味は何ですか」と聞かれたら、私は迷わず「絵を書くことが好き」と答えます。

❸格言で始める。

Rénmen cháng shuō: "Xìngqù shì zuì hǎo de lǎoshī."

人们常说："兴趣是最好的老师。"　　人々はよく「興味は一番の先生」と言います。

2　使役表現

Yì nián yí dù de yǎnchū shǐ wǒ hěn jǐnzhāng.

一年一度的演出使我很紧张。　　　　年に一度のショーへの出演は緊張します。

Tiàowǔ ràng wǒ shōuhuò mǎnmǎn.

跳舞让我收获满满。　　　　　　　　ダンスは私に多くのものを与えてくれました。

Wǒmen duì dì-yí cì cānjiā bǐsài jiù qǔdéle lìng rén mǎnyì de chéngjì.

我们队第一次参加比赛就取得了令人满意的成绩。

私たちのチームは初めて試合に参加しましたが、満足できる成績を取りました。

· ·

関連表現

Wǒ xǐhuan kàn mànhuà, zuì xǐhuan de mànhuà shì «Guǐmièzhīrèn».

我喜欢看漫画，最喜欢的漫画是《鬼灭之刃》。

私は漫画が好きです。一番好きな漫画は『鬼滅の刃』です。

Wǒ cóng chūzhōng kāishǐ dǎ bàngqiú.

我从初中开始打棒球。　　　　　　　私は中学校から野球を始めました。

Wǒmen duì huòdéle guànjūn.

我们队获得了冠军。　　　　　　　　私たちのチームは優勝しました。

Wǒ de àihào shì tán gāngqín, búguò hái tánde bútài hǎo.

我的爱好是弹钢琴，不过还弹得不太好。

私の趣味はピアノを弾くことですが、まだうまく弾けません。

1. 自分の趣味について左の欄に書き、友だちにインタビューをして、右の欄を埋めてください。

	我的愛好	朋友的愛好
所有的愛好 (すべての趣味)		
最大的愛好 (一番の趣味)		
什么时候开始的 (いつ始めたか)		
愛好的原因 (なぜそれが好きか)		
收获 (得たもの)		
难忘的事 (記憶に残っていること)		

作文

自分の趣味について作文を書いてください。

第 **6** 课

我的大学生活很忙。除了学习和课外活动以外，我还打工。现在我在两个地方打工，一个是便利店，另一个是药妆店。我打工的便利店是罗森，离我们大学很近。一周去两次，一次干三个小时。基本上是周二和周四晚上，从六点半到九点半。虽然夜间的工资比较高，但我觉得太晚了会影响休息，还会影响学习，所以只干到九点半就回家。

回家后我写作业、复习功课、看一会儿新闻什么的，然后洗澡、睡觉。

另一个药妆店在车站附近，我周末去一次，一次也干三个小时。药妆店总是很忙，客人很多，还常常有中国客人。我很想用汉语和他们说话，可是他们的日语都非常好，我没有机会说汉语。不过，上星期我去打工的时候，店里来了一位中年叔叔，他背着一个黑色的皮包，包上好像写的是汉语。于是我就试着对他说："您好！"他听了很高兴，笑着对我说："你好！"后来他离开时，我又对他说："谢谢！

Huānyíng zài cì guānglín!" Tā yě xiàozhe duì wǒ huīhui shǒu, dà shēng shuō: "Xièxie!"
欢迎 再次 光临！"他 也 笑着 对 我 挥挥 手，大 声 说："谢谢！"

Wǒ bèi tā de xiàoróng gǎndòngle, tèbié kāixīn.
我 被 他 的 笑容 感动了，特别 开心。

Wǒ hěn xǐhuan dǎgōng, yīnwèi dǎgōng kěyǐ shǐ wǒ dédào hěn duō zài xuéxiào lǐ
我 很 喜欢 打工，因为 打工 可以 使 我 得到 很 多 在 学校 里

xuébudào de zhīshi、 tǐyàn hé kuàilè. Érqiě hái kěyǐ zhuàndào língyòngqián.
学不到 的 知识、体验 和 快乐。而且 还 可以 赚到 零用钱。

Yìjǔliǎngdé a! Dāngrán yǒushíhou díquè yǒuxiē lèi, búguò wǒ xiǎng jiānchí xiàqu.
一举两得 啊！ 当然 有时候 的确 有些 累，不过 我 想 坚持 下去。

新出語彙

24

除了～以外 組 chúle ～ yǐwài	～を除いて	
药妆店 名 yàozhuāngdiàn	ドラッグストア	
罗森 固 Luósēn	ローソン	
基本上 副 jīběnshang	基本的に	
夜间 名 yèjiān	夜間	
工资 名 gōngzī	給料、報酬	
比较 副・動 bǐjiào	比較的に、比較する	
复习 動 fùxí	復習する	
功课 名 gōngkè	授業で勉強したこと	
一会儿 名 yíhuìr	しばらく	
新闻 名 xīnwén	ニュース	
什么的 組 shénmede	など	
机会 名 jīhuì	チャンス	
中年 名 zhōngnián	中年	
叔叔 名 shūshu	おじさん	
背 動 bēi	背負う	
黑色 名 hēisè	黒色	
皮包 名 píbāo	革鞄	

试 動 shì	試みる、試す	
后来 名 hòulái	その後	
光临 動 guānglín	ご光臨を賜る	
挥手 動 huī//shǒu	手を振る	
大声 組 dàshēng	大きな声	
感动 動 gǎndòng	感動する	
因为 接 yīnwèi	～なので、～だから	
得到 動 dédào	得る	
知识 名 zhīshi	知識	
赚 動 zhuàn	稼ぐ	
零用钱 名 língyòngqián	お小遣い	
当然 副 dāngrán	もちろん	
有时候 副 yǒushíhou	時々	
的确 副 díquè	確かに	
累 形 lèi	疲れる	
坚持 動 jiānchí	続ける	
下去 組 xiàqu	～し続ける	

文章表現のポイント

25

1 出来事の書き方

❶ いつもと違うことを見つけて書くと、ストーリー性が増す。

❷ 会話を書く時は、台本を書く感覚で、場面、環境、人物の立場、話す時の気持ちなどを
詳しく書くと、読み手がイメージしやすく、読みやすくなる。言葉は人となりを表すの
で、話す人の性格、考え方、立場などに合った言い回しを選ぼう。

2 文章の最後の書き方

❶ 作文のテーマに沿ってまとめる。

Jīntiān zhēn shì yǒu yìyì de yì tiān, bùjǐn xīn jiāole jǐ wèi péngyou, hái xuédàole hěn duō zhīshi.

今天真是有意义的一天，不仅新交了几位朋友，还学到了很多知识。

今日は本当に有意義な一日でした。新しい友達もできたし、多くの知識も学びました。

❷ 最初の文と呼応させ、内容を深める。

【文章の書き出し】

Jīntiān qǐle ge dà zǎo, jìshìběn shàng yùdìng xiě de mǎnmǎn de.

今天起了个大早，记事本上预定写得满满的。

今日はすごく早く起きました。手帳に今日の予定がいっぱい書いてあります。

【文章の最後の文】

Jīntiān yǒudiǎnr lèi, búguò wǒ gǎnjué hěn kuàilè. Wèile yí ge mùbiāo ér nǔlì, wǒ xiǎng shì yí jiàn xìngfú de shìqing.

今天有点儿累，不过我感觉很快乐。为了一个目标而努力，我想是一件幸福的事情。

今日は少し疲れましたが、とても楽しかったです。目標の為に努力するのは幸せなことだと思います。

❸ 読者に考える余地を与える。余韻を残す。

Kàndào yèwǎn wēnnuǎn de jiēdēng, ěrbiān hǎoxiàng xiǎngqǐle māma de shēngyīn – "Kuài huíjiā chī wǎnfàn la!". Hūrán zhījiān, wǒ xiǎngjiāle ……

看到夜晚温暖的街灯，耳边好像响起了妈妈的声音－"快回家吃晚饭啦！"。忽然之间，我想家了……

夜の温かい街燈が目に入り、耳元で母の「はやく家に帰ってご飯にしよう！」という声が聞こえた気がして、急に家が恋しくなった。

関連表現

26

Wǒ xiǎng zài shūdiàn dǎgōng. Yīnwèi kěyǐ zhīdao hěn duō yǒuqù de mànhuà hé shū.

我想在书店打工。因为可以知道很多有趣的漫画和书。

私は本屋でアルバイトをしたいです。なぜならたくさんの面白い漫画や本を知ることができるからです。

Wǒ zài bǔxíbān jiāo zhōngxuéshēng shùxué hé Yīngyǔ.

我在补习班教中学生数学和英语。　　私は塾で中学生に数学と英語を教えています。

練 習 問 題

1. 四コマ漫画で練習しましょう。

(1) 漫画の登場人物の会話を完成させてください。

(2) バイト先の料理店に中国人観光客が来ました。人物の言葉、表情、気持ちがよく分かるように
下線部に文を書いてください。

....

....

2. 以下の文型を使って、質問に答えてください。

(1) 你从几点到几点打工？　（从……到……）（何時から何時までアルバイトをしていますか。）

....

(2) 你为什么打这个工？　（因为……，所以……）（どうしてこのアルバイトをしていますか。）

....

(3) 通过打工，你觉得能学到什么？　（（不仅）……，而且……）

（アルバイトを通じて、どんなことを学べると思いますか？）

....

作文

自分のアルバイト、またはしたいアルバイトについて作文を書いてください。

Gāozhōng sān niánjí de shíhou, wǒ qù Yīngguó bìyè lǚxíng. Chūfā yǐqián wǒ hěn
高中 三 年级 的 时候，我 去 英国 毕业 旅行。出发 以前 我 很

xīngfèn, bù zhīdao zài Yīngguó de shēnghuó huì shì shénme yàngzi. Jīngguò shíqī ge xiǎoshí
兴奋，不 知道 在 英国 的 生活 会 是 什么 样子。经过 十七 个 小时

de fēixíng hòu, wǒmen láidàole wèiyú Yīnggélán xībù de Kēcíwò'ěrdé xiǎozhèn.
的 飞行 后，我们 来到了 位于 英格兰 西部 的 科茨沃尔德 小镇。

Dàodá zhīhòu, wǒmen de jiēshōu jiātíng lái jiē wǒmen. Wǒ zhù de Yīngguó jiātíng
到达 之后，我们 的 接收 家庭 来 接 我们。我 住 的 英国 家庭

lǐ, māma shì yīnyuè lǎoshī, tā de érzi shàng xiǎoxué èr niánjí. Wǒ gāng dào de
里，妈妈 是 音乐 老师，她 的 儿子 上 小学 二 年级。我 刚 到 的

shíhou, xiǎo nánháir bù gǎn hé wǒ shuōhuà, búguò guòle jǐ tiān yǐhòu tā jiù hěn
时候，小 男孩儿 不 敢 和 我 说话，不过 过了 几 天 以后 他 就 很

xǐhuan gēn wǒ yìqǐ wánrle.
喜欢 跟 我 一起 玩儿了。

Dì-èr tiān kāishǐ, wǒmen qù fùjìn de gāozhōng hé Yīngguó xuésheng yìqǐ shàng kè.
第二 天 开始，我们 去 附近 的 高中 和 英国 学生 一起 上 课。

Wǒmen zhìzuò PPT, yòng Yīngyǔ gěi Yīngguó tóngxué jièshào Rìběn de chuántǒng wénhuà, hái
我们 制作 PPT，用 英语 给 英国 同学 介绍 日本 的 传统 文化，还

cānjiāle tǐyù liányì bǐsài. Jiāngyào huí Rìběn de shíhou, wǒmen kāile yí ge
参加了 体育 联谊 比赛。将要 回 日本 的 时候，我们 开了 一 个

liányìhuì, biǎoyǎn zìjǐ shàncháng de jiémù, dàjiā dōu wánr de fēicháng kāixīn.
联谊会，表演 自己 擅长 的 节目，大家 都 玩儿 得 非常 开心。

Zhōumò wǒmen cānguān xiǎozhèn hé zhōuwéi de fēngjǐng. Kēcíwò'ěrdé bèi yùwéi
周末 我们 参观 小镇 和 周围 的 风景。科茨沃尔德 被 誉为

shìjiè zuì měi sān dà xiāngcūn zhīyī, wǒmen bèi tā gǔlǎo de jiànzhù hé měilì de
世界 最 美 三 大 乡村 之一，我们 被 它 古老 的 建筑 和 美丽 的

jǐngsè shēnshēn de mízhùle.
景色 深深 地 迷住了。

Liǎng ge xīngqī de lǚxíng hěn kuài jiù jiéshùle. Wǒ zài zhèlǐ bùjǐn xuéxí hé
两 个 星期 的 旅行 很 快 就 结束了。我 在 这里 不仅 学习 和

tǐyànle Yīngguó de wénhuà, érqiě hái jiāole hěn duō Yīngguó péngyou. Suīrán yǒuxiē
体验了 英国 的 文化, 而且 还 交了 很 多 英国 朋友。虽然 有些

shēnghuó xíguàn bù yíyàng, dànshì wǒ juéde zhèyàng de yì wénhuà jiāoliú ràng wǒ
生活 习惯 不 一样, 但是 我 觉得 这样 的 异 文化 交流 让 我

kāikuòle yǎnjiè, fēicháng yǒu yìyì.
开扩了 眼界, 非常 有 意义。

新出語彙

28

出发	動	chūfā	出発する
兴奋	形	xīngfèn	興奮する
样子	名	yàngzi	様子
经过	動	jīngguò	経る
飞行	名	fēixíng	飛行、フライト
位于	組	wèiyú	～に位置する
英格兰	固	Yīnggélán	イングランド
科茨沃尔德	固	Kēcíwò' ěrdé	コッツウォルズ
小镇	組	xiǎozhèn	小さな町
到达	動	dàodá	到着する
接收	動	jiēshōu	受け入れる
敢	助動	gǎn	（恐れずに）できる
过	動	guò	経つ
制作	動	zhìzuò	制作する
联谊比赛	組	liányìbǐsài	親善試合
将要	副	jiāngyào	まもなく～しようとする
联谊会	名	liányìhuì	親善パーティー
擅长	動	shàncháng	長けている
誉为	組	yùwéi	～と讃える
乡村	名	xiāngcūn	村
古老	形	gǔlǎo	古い
建筑	名	jiànzhù	建築物
景色	名	jǐngsè	景色
迷住	組	mízhù	魅了する
结束	動	jiéshù	終わる、終える
不仅	接	bùjǐn	～だけではなく
异	形	yì	異なる
开扩	動	kāikuò	広げる
眼界	名	yǎnjiè	視野
意义	名	yìyì	意義

文章表現のポイント

29

1 旅行記を書く時の注意点

❶ 旅先の景色、建築物、生活、風習、名所などを、体験した時の感想や感動を合わせて書くとよい。

❷ 全体を簡単に紹介した後、最も重要なことや印象に残ったことに絞り、重点的に書く。

❸ 旅行の日程に沿って書くと、読み手も一緒に行った気分になる。

2 五感に訴える表現

Hǎilàng juǎnqǐ shāzi yì bō yì bō de pāijīzhe hǎi'àn.

海浪卷起沙子一波一波地拍击着海岸。

波が砂を巻き込みながら海岸に一波また一波と打ちつけていた。

Yì gǔ mǒchá de wèidao zài zuǐlǐ huàkāi.

一股抹茶的味道在嘴里化开。　　　抹茶の味が口の中に広がりました。

Qīngchén wǒ bèi xiǎoniǎo de jiàoshēng chǎoxǐng.

清晨我被小鸟的叫声吵醒。　　　早朝、私は小鳥のさえずりで目を覚ました。

3 理由の書き方

Xiǎomíng xǐhuan dàhǎi, suǒyǐ wǒmen juédìng shǔjià qù hǎibiān dùjià.

小明喜欢大海，所以我们决定暑假去海边度假。

明さんは海が好きだから、私たちは夏休みに海に行って休日を過ごすことに決めました。

Yóuyú chūfā wǎn le, wǒmen méiyǒu gǎnshang yùdìng de hángbān.

由于出发晚了，我们没有赶上预订的航班。

出発が遅れたため、私たちは予約した便に間に合いませんでした。

関連表現

30

Měiwèi de wǎncān gěi wǒ liúxiàle shēnkè de yìnxiàng.

美味的晚餐给我留下了深刻的印象。

おいしい晩ご飯がとても印象に残りました。

Zhè cì lǚxíng ràng wǒ tǐhuìdàole xīyáng wénhuà de mèilì.

这次旅行让我体会到了西洋文化的魅力。

この旅行で西洋文化の魅力を体感できました。

Qiáomàimiàn shì Chángyě de tèchǎn.

荞麦面是长野的特产。　　　蕎麦は長野の特産品です。

練習問題

1. 印象に残った旅行について中国語で書いてください。

什么时候、什么季节 （いつ、どの季節）	
和谁一起去的 （誰と一緒に行ったか）	
为什么去那里 （なぜそこに行ったか）	
日程 （日程）	
印象深刻的事 （もっとも印象に残った出来事）	
出发前的心情 （出発する前の気持ち）	
回来后的想法 （旅行から帰って来た後の感想）	

2. 印象に残った旅行について中国語で質問に答えてください。

(1) 那里的风景怎么样？ （そこの景色はどうでしたか。）

_____

(2) 有没有发生意外的事情？是什么事情？

（予想外の出来事がありましたか。それはどんなことでしたか。）

_____

(3) 那里的人怎么样？ （そこの人々はどうでしたか。）

_____

(4) 这次旅行让你有什么收获？ （今回の旅行はどんな収穫がありましたか。）

_____

作文

印象に残った旅行、これからしてみたい旅行について作文を書いてください。

（例えば、修学旅行、家族旅行、一人旅、友だちとの旅行、宇宙旅行など）

第
8
课

第9课 🍃 我们的大学

在 日本，"北大" 是 指 北海道大学。北海道大学 位于 札幌 市 中心，是 著名 的 旅游 景点 之一。校园 里 种着 各种各样 的 花草树木，有时 还 能 看到 松鼠 和 小 狐狸。美丽 的 大自然 中 有 很 多 西洋式 建筑，像 油画一样。这里 一年 四季 都 很 美，被 称为 日本 最 美 校园。我 最 喜欢 中央 草坪。一条 小 河 穿过 绿油油 的 草坪，令 人 心旷神怡。这里 不仅 是 学生们 课间 休息 的 地方，也 是 市民 休闲 的 场所。

北海道大学 的 前身 是 成立 于 1876 年 的 札幌农学校。脍炙人口 的 "少年 啊，要 胸怀大志" 是 第一任 副 校长 克拉克 博士 的 名言。中央 草坪 附近 立着 克拉克 像，是 游客们 拍照 留念 的 地方。

大学 综合 博物馆 收藏着 三百万 件 标本 和 资料，展示着 长毛象 的 标本 和 恐龙 化石，还 经常 举办 各种 讲座。一楼 有 咖啡厅 和 礼品店，可以 品尝到 北海道 冰淇淋。

这里 有 我 感兴趣 的 专业，而且 我 非常 喜欢 大自然，就

_効

bàokǎole　　Běihǎidàodàxué.　Xīwàng　wǒ　néng　zài　zhèlǐ　dùguò　chōngshí、yúkuài　de　dàxué
报考了 北海道大学。希望 我 能 在 这里 度过 充实、愉快 的 大学

shēnghuó.
生活。

新出語彙

32

著名 形 zhùmíng	著名である、有名である	脍炙人口 成 kuàizhìrénkǒu	（文章や事柄が）
校园 名 xiàoyuán	キャンパス		人々によく知られ親しまれている
各种各样 成 gèzhǒnggèyàng	さまざまである	少年 名 shàonián	少年
花草树木 組 huācǎoshùmù	花草や樹木	胸怀大志 成 xiōnghuáidàzhì	大志を胸に抱く
松鼠 名 sōngshǔ	リス	第一任 組 dì-yīrèn	初代
狐狸 名 húli	キツネ	副 接頭 fù	副
大自然 組 dàzìrán	大自然	校长 名 xiàozhǎng	校長
西洋式 組 xīyángshì	西洋式、洋風	克拉克 固 Kèlākè	クラーク
像～一样 組 xiàng～yíyàng	～のようだ	博士 名 bóshì	博士
油画 名 yóuhuà	油絵	立 動 lì	立つ、立てる
称为 組 chēngwéi	～と呼ぶ、～と称する	综合 名 zōnghé	総合
草坪 名 cǎopíng	芝生	博物馆 名 bówùguǎn	博物館
穿过 組 chuānguò	通り抜ける	收藏 動 shōucáng	収蔵する
绿油油 形 lùyóuyóu	青くてつやつやしたさま	标本 名 biāoběn	標本
令 動 lìng	〈書〉～させる	展示 動 zhǎnshì	展示する
心旷神怡 成 xīnkuàngshényí		长毛象 名 chángmáoxiàng	マンモス
	心がゆったりとして愉快な気持ちである	恐龙 名 kǒnglóng	恐竜
休闲 動・形 xiūxián		化石 名 huàshí	化石
	のんびり過ごす、休む、レジャー	讲座 名 jiǎngzuò	講座
场所 名 chǎngsuǒ	場所、ところ	礼品店 組 lǐpǐndiàn	ギフトショップ
前身 名 qiánshēn	前身	品尝 動 pǐncháng	味わう
成立 動 chénglì	創立する、設立する	冰淇淋 名 bīngqílín	アイスクリーム
于 介 yú	〈書〉～に、～で、～において	报考 動 bàokǎo	受験を申し込む、出願する
札幌农学校 固 Zháhuǎngnóngxuéxiào			
	札幌農学校		

第9課

文章表現のポイント

1 四字熟語

うまく四字熟語が使えると、より良い文章になる。

Yì tiáo xiǎo hé chuānguò lǜyóuyóu de cǎopíng, lìng rén xīnkuàngshényí.

一条小河穿过绿油油的草坪，令人心旷神怡。

小さな川が緑の芝生を通り抜け、のびのびとした気持ちにさせてくれます。

Chūntiān mǎnyǎn de xīnlǜ chōngmǎn shēngjī; xiàtiān gāosǒng de báiyáng hé lántiān xiāngyìngchéngqù; qiūtiān fēngyè yínxìng sècǎibīnfēn; dōngtiān xiàoyuán yínzhuāngsùguǒ.

春天满眼的新绿充满生机；夏天高耸的白杨和蓝天相映成趣；秋天枫叶银杏色彩缤纷；冬天校园银装素裹。

春は見渡す限りの新緑で生命力に溢れていて、夏はそびえ立つポプラの木が青い空と互いに引き立てあっています。秋はもみじやイチョウの木が色とりどりで、冬のキャンパスは一面銀世界になります。

2 修飾語と補語

うまく修飾語、補語が使えると、生き生きとした表現ができる。

2音節以上の形容詞が名詞を修飾する時、"的"を使う。

Yì tiáo xiǎo hé chuānguò lǜyóuyóu de cǎopíng.

一条小河穿过绿油油的草坪。　　　　　小さな川が緑の芝生を通り抜けています。

2音節以上の形容詞、副詞が動詞を修飾する時、"地"を使う。

Xuéshēngmen zài zhèlǐ kāixīn de liáotiānr.

学生们在这里开心地聊天儿。　　　　　学生たちはここで楽しそうにおしゃべりしています。

様態補語は"得"を使う。動詞・形容詞＋"得"＋様態補語

Shōudào lùqǔ tōngzhīshū de shíhou, wǒ gāoxìng de tiàole qǐlai.

收到录取通知书的时候，我高兴得跳了起来。

合格通知書を受け取った時、飛び上がるほどうれしかったです。

関連表現

34

Wǒmen dàxué jiāotōng biànlì.

我们大学交通便利。　　　　　　　私たちの大学は交通の便がいいです。

Wǒmen xuéxiào yǒu liǎng ge xiàoqū.

我们学校有两个校区。　　　　　　私たちの大学はキャンパスが二つあります。

Lìmìngguǎndàxué shì yì suǒ zōnghé dàxué.

立命馆大学是一所综合大学。　　　　立命館大学は総合大学です。

Xuéxiào shítáng yǒu hěn duō zhǒnglèi de fàncài, jiàgé yě hěn shíhuì.

学校食堂有很多种类的饭菜，价格也很实惠。

学校の食堂にはたくさんの種類の料理があって、値段もお手頃です。

1. 以下の語群からふさわしい四字熟語を選んで、文を完成させてください。

qínfènhàoxué	fēngfùduōcǎi	shòuyìfěiqiǎn	liángshīyìyǒu
勤奋好学	丰富多彩	受益匪浅	良师益友

大学经常举办（　　　　　　）的活动。（大学はよく多種多様なイベントを開催しています。）

他是我的（　　　　　　）。（彼は私の良き師でもあり良き友でもあります。）

在这里学习让我（　　　　　　）。（ここで勉強することで得られるものが非常に多い。）

同学们都（　　　　　　）。（学生はみんな勉学に励んでいる。）

2. 自分の学校について中国語で質問に答えてください。

(1) 你们学校在哪里？（あなたの学校はどこにありますか。）

----

(2) 有什么特点？（どんな特徴がありますか。）

----

(3) 你最喜欢什么地方？（一番好きな場所はどこですか。）

----

(4) 请描写一下那里。（その好きな場所について書いてください。）

----

(5) 你为什么报考这所学校？（どうしてこの学校を受験したのですか。）

`作文`

グループで自分の学校について調べ、作文を書いて、クラスで発表してください。

第 **9** 課

41

Zūnjìng de Wáng lǎoshī:
尊敬 的 王 老师：

Nín hǎo!
您 好！

Màomèi de gěi nín xiě xìn, dǎjiǎo nín le!
冒昧 地 给 您 写 信，打搅 您 了！

Wǒ jiào Běntián Xiáng, qùnián xuǎnxiūguo nín de Zhōngguó wénhuà kè. Nín de kè
我 叫 本田 翔，去年 选修过 您 的 中国 文化 课。您 的 课

shēngdòng yìdǒng, shǐ wǒ duì Zhōngguó wénhuà gèng gǎn xìngqù le. Xièxie nín de zhǐdǎo!
生动 易懂，使 我 对 中国 文化 更 感 兴趣 了。谢谢 您 的 指导！

Wǒ fēicháng xǐhuan Zhōngguó hé Zhōngguó wénhuà, cóng xiǎo jiù xǐhuan kàn «Sānguóyǎnyì»,
我 非常 喜欢 中国 和 中国 文化，从 小 就 喜欢 看《三国演义》,

zài dàxué xuéxíle Hànyǔ hòu, duì Zhōngguó de diànyǐng hé yīnyuè yě chǎnshēngle nónghòu
在 大学 学习了 汉语 后，对 中国 的 电影 和 音乐 也 产生了 浓厚

de xìngqù. Búguò wǒ de Hànyǔ hái bútài hǎo, wǒ juéde zhǐyǒu gèng hǎo de xuéxí
的 兴趣。不过 我 的 汉语 还 不太 好，我 觉得 只有 更 好 地 学习

Hànyǔ, cái néng gèng liǎojiě Zhōngguó wénhuà. Suǒyǐ wǒ juédìng qù Zhōngguó liúxué.
汉语，才 能 更 了解 中国 文化。所以 我 决定 去 中国 留学。

Bùzhī néngfǒu qǐng nín gěi wǒ xiě yì fēng tuījiànxìn?
不知 能否 请 您 给 我 写 一 封 推荐信？

Zuótiān zài jiàodǎochù kàndào Běijīngwàiguóyǔdàxué zhāoshōu duǎnqī liúxuéshēng de
昨天 在 教导处 看到 北京外国语大学 招收 短期 留学生 的

xiāoxi, wǒ dǎsuàn shēnqǐng yíxià shìshi. Wǒ fùmǔ yě hěn zhīchí wǒ qù Běijīng liúxué.
消息，我 打算 申请 一下 试试。我 父母 也 很 支持 我 去 北京 留学。

Wǒmen bān yǒu yí wèi Zhōngguó liúxuéshēng, tā cóng Běijīng lái. Tā tīngshuō wǒ xiǎng qù
我们 班 有 一 位 中国 留学生，他 从 北京 来。他 听说 我 想 去

Běijīng liúxué, fēicháng gāoxìng! Hái yāoqǐng wǒ qù tā jiā chī jiǎozi. Tōngguò liúxué,
北京 留学，非常 高兴！还 邀请 我 去 他 家 吃 饺子。通过 留学,

wǒ xīwàng jiēchùdào gèng duō de Zhōngguórén, rènshi gèng duō de Zhōngguó péngyou, gèng
我 希望 接触到 更 多 的 中国人，认识 更 多 的 中国 朋友，更

shēnrù de liǎojiě Zhōngguó wénhuà, qīnyǎn kànyikàn xiànzài rìxīnyuèyì de Zhōngguó.
深入 地 了解 中国 文化，亲眼 看一看 现在 日新月异 的 中国。

Gǎnxiè nín zài bǎimángzhīzhōng chōuchū shíjiān yuèxìn!

感谢 您 在 百忙之中 抽出 时间 阅信!

Qīdài nín de huífù!

期待 您 的 回复!

Cǐ zhì

此 致

Jìnglǐ!

敬礼!

Xuésheng: Běntián Xiáng

学生：本田 翔

èr líng X X nián liùyuè shíwǔ rì

20XX 年 6月 15 日

新出語彙

36

请	動	qǐng	お願いする		
推荐信	名	tuījiànxìn	推薦状		
尊敬	形・動	zūnjìng	尊敬する		
冒昧	形	màomèi	僭越である		
打搅	動	dǎjiǎo	邪魔する、迷惑をかける		
生动	形	shēngdòng	生き生きとしている		
易懂	形	yìdǒng	分かりやすい		
指导	動	zhǐdǎo	指導する		
产生	動	chǎnshēng	生じる		
浓厚	形	nónghòu	強い、濃厚である		
只有～才～	組	zhǐyǒu～cái～	～してこそ～		
了解	動	liǎojiě	理解する、よく分かる		
决定	動・名	juédìng	決定する、決定		
不知	動	bùzhī	～でしょうか、～ませんか		
能否	助動	néngfǒu	〈書〉できるかどうか		
封	量	fēng	手紙などを数える		
教导处	名	jiàodǎochù	学生課		
北京外国语大学	固	Běijīngwàiguóyǔdàxué	北京外国語大学		
招收	動	zhāoshōu	募集する		

短期	名	duǎnqī	短期
消息	名	xiāoxi	情報
申请	動	shēnqǐng	申請する
支持	動	zhīchí	支持する
听说	動	tīngshuō	聞くところによると～、～だそうだ
邀请	動	yāoqǐng	誘う
接触	動	jiēchù	触れる
深入	動・形	shēnrù	深く入る
亲眼	副	qīnyǎn	自らの目で
日新月异	成	rìxīnyuèyì	日進月歩
百忙之中	組	bǎimángzhīzhōng	ご多忙中、お忙しい中
抽出	組	chōuchū	引き出す、（時間を）割く
阅信	組	yuèxìn	〈書〉手紙を読む
回复	動	huífù	返事する
此致	組	cǐzhì	（書簡の末尾につける常套語）以上のとおり申し上げます
敬礼	組	jìnglǐ	敬具

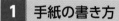

文章表現のポイント

1 手紙の書き方

❶ 呼び方：相手との関係によって呼び方が変わる。敬意を表す時は "尊敬的"（尊敬する）、親しい人には "亲爱的"（親愛なる）などの修飾語を加えてもよい。

❷ 挨拶の言葉："您好！／你好！最近怎么样？"（こんにちは。最近お元気ですか。）などを書く必要がある。

❸ 主文：時間、場所、気持ちなど伝えたいことを明確に相手に伝える。内容が多い場合は、段落を分けて分かりやすく書く。

❹ 結びの言葉：主文の後ろに相手の健康を願う言葉などを書く。例えば "祝您健康幸福！"（健康と幸せをお祈りします。）、"祝一切顺利！"（すべてが順調でありますように。）など。改まった手紙の場合は、一般的に "此致"（以上のとおり申し上げます。）"敬礼"（敬具）と書く。

❺ 署名：相手との関係を表す語を書くのがよい。例えば "您的学生"（あなたの学生）、"您的女儿"（あなたの娘）、"爱你的爸爸妈妈"（あなたを愛している父母）、"你的朋友"（あなたの友人）など。

❻ 日付

2 メールの書き方

メールは決まった様式がない。基本的に手紙と同じ、または手紙を簡略化した形で書く。相手の名前、用件、簡単な挨拶、署名などがあればよい。ただし丁寧に書く必要がある場合は、手紙と同じようにきちんと書く。

関連表現

37

Yīn mángyú xuéyè, jiǔ wèi néng liánxì, nín yíxiàng kě hǎo?

因忙于学业，久未能联系，您一向可好？

学業が忙しく、ずっと連絡できませんでした。お変わりありませんか。

Wǒ yě fēicháng xiǎngniàn nǐmen! Qǐng duōduō bǎozhòng shēntǐ!

我也非常想念你们！请多多保重身体！

私も会いたいと思っています。どうぞご自愛ください。

Wǒ zhèlǐ yíqiè dōu hǎo, qǐng nǐmen fàngxīn.

我这里一切都好，请你们放心。

こちらは全て順調です。安心してください。

Xiàcì huíjiā de shíhou, qǐng nǐmen chángchang wǒ de shǒuyì.

下次回家的时候，请你们尝尝我的手艺。

今度家に帰った時に私の料理の腕前を披露します。

練 習 問 題

1. 中国語で質問に答えてください。

(1) 你对中国文化的哪些方面感兴趣？（どんな中国文化に興味がありますか。）

_____

(2) 如果你去中国留学，你想去哪里？为什么？

（もし中国へ留学に行くならどこに行きたいですか。それはどうしてですか。）

_____

(3) 你最近学习以及生活怎么样？（最近の学業や生活などの状況はどうですか。）

_____

(4) 你现在最想给谁写信？为什么？（いま一番誰に手紙を書きたいですか。それはどうしてですか。）

_____

(5) 在这封信里，你最想说什么？（その手紙で一番伝えたいことは何ですか。）

_____

2. Youtube などで《一封家书》(2021 年版) (作词、作曲、演唱：李春波)

（「家族への手紙」作詞、作曲、歌、李春波）を聞いてみてください。

3. 中国語で家族または友達にメッセージを書いてください。

> _____

作文

(1)〜(4) の中から一つ選んで、作文を書いてください。

(1) 親や友だちへのメール・手紙をまず中国語で書き、それを日本語に訳して実際に送って
ください。

(2) 中国人の先生へのメール・手紙を書いてください。推薦状の依頼以外の要件でも、北京
留学中の自分を想定した近状報告などでもかまいません。

(3) 中国人の友達へのメール・手紙を書いてください。それをぜひ実際に送ってください。

(4) 留学を希望する大学への問い合わせのメール・手紙を書いてください。

第**11**课 我的故乡

我已经很长时间没有回故乡了，看天气预报知道我的老家下雪了。记忆里故乡的雪特别温柔，它总是静静地漫天飘洒。我家附近彦根古城美丽的雪景是我永生难忘的故乡印象。

我的故乡在日本滋贺县彦根市。这是一个只有十一万人口的小城，位于日本最大淡水湖－琵琶湖的东岸。彦根历史悠久，现在的城市是以1622年建成的彦根城为中心发展起来的。

"彦根喵"是彦根市的吉祥物。它是一个头戴暗红色武士头盔的白猫，样子笨笨的，非常惹人喜爱。小时候我常常在古城的周围碰到它，因为它最喜欢在彦根城附近散步。我还收集了很多可爱的彦根喵玩具。

彦根是一个美丽的观光城市。彦根古城的明月是琵琶湖八景之一。琵琶湖边的浴场，夏天在那里举行人力飞机竞技选手赛和北琵琶湖烟花大会。除此之外，春天可以赏樱，

qiūtiān kěyǐ shǎng hóngyè, dōngtiān kěyǐ shǎng xuě. Yì nián sìjì měilì duōzī, měinián
秋天 可以 赏 红叶，冬天 可以 赏 雪。一 年 四季 美丽 多姿，每年

dàyuē yǒu bāshí wàn rén lái zhèlǐ lǚyóu.
大约 有 八十 万 人 来 这里 旅游。

Wǒ wèi Yàngēn zhè zuò měilì de chéngshì ér zìháo, dàxué bìyè hòu wǒ dǎsuàn huí
我 为 彦根 这 座 美丽 的 城市 而 自豪，大学 毕业 后 我 打算 回

gùxiāng gōngzuò. Nín tīngshuōguo zhège chéngshì ma? Wǒ xiǎng xiàng nín tuījiàn tā, huānyíng
故乡 工作。您 听说过 这个 城市 吗？ 我 想 向 您 推荐 它，欢迎

nín lái wǒ de gùxiāng.
您 来 我 的 故乡。

新出語彙

39

故乡	名	gùxiāng	故郷
预报	名	yùbào	予報
记忆	名	jìyì	記憶
温柔	形	wēnróu	優しい
静	形	jìng	静かである
漫天	形	màntiān	空いっぱいに広がる
飘洒	動	piāosǎ	舞って落ちる
雪景	名	xuějǐng	雪景色
永生难忘	成	yǒngshēngnánwàng	
			一生忘れられない
印象	名	yìnxiàng	印象、イメージ
淡水湖	名	dànshuǐhú	淡水湖
东岸	名	dōng'àn	東岸
悠久	形	yōujiǔ	悠久である
以～为～	組	yǐ～wéi～	～を以て～となす
建成	組	jiànchéng	
			建設して完成させる、作り上げる
发展	動	fāzhǎn	発展する
彦根喵	固	Yàngēnmiāo	ひこにゃん
吉祥物	名	jíxiángwù	マスコット
暗红色	形	ànhóngsè	暗赤色
武士	名	wǔshì	武士
头盔	名	tóukuī	兜、ヘルメット

笨	形	bèn	愚鈍である
惹人喜爱	組	rěrénxǐ'ài	人々に好かれる
周围	名	zhōuwéi	周囲
碰到	組	pèngdào	出会う
收集	動	shōují	集める
玩具	名	wánjù	玩具、グッズ
观光	名	guānguāng	観光
明月	名	míngyuè	明月
琵琶湖八景	組	Pípahúbājǐng	琵琶湖八景
浴场	名	yùchǎng	浴場、水泳場
举行	動	jǔxíng	行う
人力	名	rénlì	人力
竞技	名	jìngjì	競技
选手赛	名	xuǎnshǒusài	選手権大会
烟花	名	yānhuā	花火
除此之外	組	chúcǐzhīwài	このほか、それ以外
赏樱	組	shǎngyīng	お花見、桜を観賞する
赏红叶	組	shǎnghóngyè	紅葉狩り
美丽多姿	組	měilìduōzī	美しく多彩である
为～而～	組	wèi～ér～	～のために～
自豪	形	zìháo	誇りに思う
推荐	動	tuījiàn	推薦する、薦める

文章表現のポイント

1 場所の紹介文を書く時の注意点

❶自分がよく知っている所や印象に残っている場所を選ぶ。

❷特徴や有名な物など、詳しく書くことと簡潔に書くことを決め、バランス良く書く。

❸ユニークなところをPRする。

2 比喩

Yì céng yì céng de tītián hǎoxiàng yí dào dào de bōlàng yíyàng shēnxiàng yuǎnfāng.

一层一层的梯田好像一道道的波浪一样伸向远方。

一段また一段と広がる段々畑はまるで波のように遠くへ伸びていきます。

Xīngxing xiàng tiáopí de háizi shìde zhǎzhe yǎnjing.

星星像调皮的孩子似的眨着眼睛。　　　　星は悪戯好きな子供のようにまばたきをしています。

3 自分の考えや気持ちを表す時の書き方

Wǒ juéde zài zhège shìjiè shàng méiyǒu bǐ māma gèng wěidà de rén le.

我觉得在这个世界上没有比妈妈更伟大的人了。

この世には母親より偉大な人はいないと思います。

Wǒ gǎndào tā de huà lǐ méiyǒu chéngyì.

我感到他的话里没有诚意。　　　　　　私は彼の話には誠意を感じません。

Wǒ xiǎng, rúguǒ méiyǒu chángshì jiù fàngqì dehuà, wǒ yídìng huì hòuhuǐ de.

我想，如果没有尝试就放弃的话，我一定会后悔的。

もしチャレンジせずに諦めたならきっと後悔すると思います。

Tā rènwéi měi cúnzài yú wù yǔ wù chǎnshēng de míng'àn zhīzhōng.

他认为美存在于物与物产生的明暗之中。

彼は物と物の間に生じる明暗に美が存在すると考えています。

関連表現

Wǒ de gùxiāng zài xiāngxià, nà shì yí ge fēicháng měilì de dìfang.

我的故乡在乡下，那是一个非常美丽的地方。

私の故郷は田舎にあり、たいへん美しいところです。

Dōngjīng shì yí zuò xiàndàihuà de dà dūshì.

东京是一座现代化的大都市。　　　　東京は現代的な大都会です。

Qiānyè Xiàn zuì yǒumíng de shì Díshìnílèyuán.

千叶县最有名的是迪士尼乐园。　　　　千葉県で最も有名なのはディズニーランドです。

新装版 はじめての中国語学習辞典　相原 茂[編著]　B6変型判/776頁

- ◆ 見出し語1万1千
- ◆ 見やすい2色刷
- ◆ 辞書に「参考書」の要素をプラス
- ◆ 「発音マスター」
- ◆ WEB動画（サーバー）＆音声DLアプリ

1. すべての中国語にピンインローマ字つき。
2. 重要語は3ランクに分けマークで表示。
3. 文法コラム、語法コラムの充実。
4. すべての見出し単語に品詞名を明示。
5. 類義語を重視。「目で見る類義語」の創設。
6. 「百科知識」で文化・習慣を分かりやすく解説。
7. コミュニケーションに役立つ「表現Chips」。
8. 目で見る逆引き単語帳「逆引きインデックス」。
9. 中国のベテラン画家による豊富なイラスト。
10. 中国語学習に必要で便利な付録の充実。

中国語学習シソーラス辞典　相原 茂[編]　B6判/880頁

- ◆ 類義語グループをなす常用語を集めた初の中国語シソーラス辞典。
- ◆ 日本語インデックス1400余、中国語見出し語数は約11000語。
- ◆ すべての例文にピンイン、訳をつけ初級者からでも使える。
- ◆ スピーキングやライティングにおける類義語の正しい使い分けに。
- ◆ 仕事での中国語のメールや文書を書く機会が多い人にも最適。
- ◆ 語彙力の増強ができ、ボキャブラリービルディングにも有効。
- ◆ 巻末には検索の便を図り、全見出し語から引ける索引を用意。

中国語類義語辞典

1. 自分の故郷または好きな町について、思いつくキーワードを書いてください。

2. 自分の故郷または好きな町について、家族や友達に聞いたり、インターネットで調べたりして、キーワードを書いてください。

3. 故郷または好きな町について中国語で書いてください。

地名、位置 (地名、位置)	
人口 (人口)	
历史 (歴史)	
特产 (特産品)	
特点 (特徴)	
有名的人和事 (有名な物や人)	
对这个地方的感情 (その町への思い)	

作文

自分のふるさと、または好きな町について作文を書いてください。

42

我看到这本书是我上大学以后。

有一天老师请我去他家玩儿。我在老师的书架上看到一本小书。它的名字吸引了我。因为我对文学很感兴趣，老师说我应该看看这本书，所以就把它送给了我。

这就是谷崎润一郎的《阴翳礼赞》。阴翳这个词在日语里不是很好的意思，为什么还能礼赞呢？好奇心让我看完了这本书。

这本书写于 1933 年。当时的日本社会已经相当近代化，电灯、暖气等近代家庭设施普遍进入日本人的家庭。作者从明亮的电灯开始，叙述了它是如何破坏了阴翳的美感。他认为美存在于物与物产生的明暗之中。在这本随笔集中，谷崎润一郎对日本传统建筑、纸张、厕所、器物、日本料理、服装、文学的美感充满欣赏和怀念，他认为明亮不仅使缺点暴露无遗，而且让人失去想像，阴翳可以掩盖缺点，带来朦胧的美感。

Wǒmen xiànzài dōu shēnghuó zài míngliàng de diàndēng guāng xià, míngliàng ràng wǒmen
我们 现在 都 生活 在 明亮 的 电灯 光 下，明亮 让 我们

yèwǎn de shēnghuó fēicháng fāngbiàn. Wǒ cónglái méiyǒu xiǎngguo tā shìfǒu yǒu měigǎn.
夜晚 的 生活 非常 方便。我 从来 没有 想过 它 是否 有 美感。

Tōngguò zhè běn shū, ràng wǒ duì Rìběn wénhuà yǒule gèng shēnkè de lǐjiě.
通过 这 本 书，让 我 对 日本 文化 有了 更 深刻 的 理解。

新出語彙

43

书架 名 shūjià	本棚	
谷崎润一郎 固 Gǔqí Rùnyīláng	谷崎潤一郎	
阴翳礼赞 固 Yīnyìlǐzàn	陰翳礼讃	
好奇心 名 hàoqíxīn	好奇心	
当时 名 dāngshí	当時	
相当 副 xiāngdāng	相当	
近代化 组 jìndàihuà	近代化	
电灯 名 diàndēng	電灯	
暖气 名 nuǎnqì	暖房	
设施 名 shèshī	設備	
普遍 形 pǔbiàn	普遍的	
明亮 形·名 míngliàng	明るい、明るさ	
叙述 动 xùshù	述べる	
如何 代 rúhé	〈書〉どのように、いかに	
破坏 动 pòhuài	破壊する	
美感 名 měigǎn	美感、美に対する感覚	
认为 动 rènwéi	思う、考える	
存在 动 cúnzài	存在する	

明暗 名 míng'àn	明暗	
随笔集 名 suíbǐjí	随筆集	
纸张 名 zhǐzhāng	紙	
厕所 名 cèsuǒ	トイレ、厠	
器物 名 qìwù	器	
服装 名 fúzhuāng	服装	
充满 动 chōngmǎn	満ちる	
欣赏 动 xīnshǎng	すばらしいと思う	
怀念 动 huáiniàn	懐かしむ	
缺点 名 quēdiǎn	欠点	
暴露无遗 成 bàolùwúyí	すっかり明るみに出る	
失去 动 shīqù	失う	
想像 名·动 xiǎngxiàng	想像、想像する	
掩盖 动 yǎngài	覆い隠す	
朦胧 形 ménglóng	ぼんやりとかすんでいる	
是否 副 shìfǒu	〈書〉～であるかどうか	
深刻 形 shēnkè	深い、本質に触れている	

文章表現のポイント

44

1 作品を紹介する文章の書き方

❶ タイトル、作者、ジャンル、あらすじ、見所や感想を明確に書く。

❷ 作者は何を明らかにしようとしているのか、読むことや見ることによって何が得られるかを書くことで、読み手に共感を与えたり、読み手の興味を引きつけたりすることができる。

2 作品を紹介する時の表現

Zhè běn shū de míngzi jiào 《Hónglóu mèng》, shì yì běn gǔdiǎn xiǎoshuō.

这本书的名字叫《红楼梦》，是一本古典小说。

この本のタイトルは『紅楼夢』と言います。古典小説です。

Zhè bù dòngmàn jiǎngshùle māoyāo Luó Xiǎohēi màoxiǎn zhī lǚ de gùshi.

这部动漫讲述了猫妖罗小黑冒险之旅的故事。

このアニメは猫の妖精ロシャオヘイの冒険の旅を描いています。

3 勧める時の書き方

Zhè běn shū néng gěi rén dàilái xǔduō qǐfā, wǒ xiǎng tuījiàn gěi dàjiā.

这本书能给人带来许多启发，我想推荐给大家。

この本はたくさんの気づきを与えてくれるので、皆さんに勧めたいです。

Diànyǐng de jiéjú huì ràng nǐ dàchīyìjīng, qǐng yídìng dào diànyǐngyuàn kànkan ba.

电影的结局会让你大吃一惊，请一定到电影院看看吧。

映画のラストできっとびっくりすると思うので、ぜひ映画館で見てください。

関連表現

45

Měi dāng wǒ shīqù xìnxīn de shíhou, jiù huì xiǎngqǐ zhège gùshi.

每当我失去信心的时候，就会想起这个故事。

自信を失うたびに、この物語を思い出します。

Tōngguò zhè běn shū, nǐ kěyǐ xuédào hěn duō Rìběn cài de zuòfǎ.

通过这本书，你可以学到很多日本菜的做法。

この本を通して、たくさんの日本料理の作り方を学べます。

Zhè bù diànyǐng ràng wǒ hěn gǎndòng.

这部电影让我很感动。

この映画に感動させられました。

練 習 問 題

1. 好きな作品について中国語で書いてください。

书名或电影名 （タイトル）	
作者、导演 （作者、監督）	
类型 （ジャンル）	
梗概 （あらすじ）	
精彩之处 （見所）	
感想 （感想）	

2. 好きな作品について中国語で質問に答えてください。

（1）作者是一个什么样的人？他还有什么其他的作品?

　　（作者はどんな人ですか。他にどんな作品がありますか。）

- -

（2）你想推荐给什么样的人？（どんな人に薦めたいですか。）

- -

（3）你为什么喜欢这部作品？（あなたはなぜこの作品が好きですか。）

- -

（4）看了这部作品，会有什么收获?（この作品を見ると、何が得られますか。）

- -

作文

好きな本、映画、ドラマ、劇、漫画、アニメなどについて作文を書いてください。

品詞表（词类表）

表示	词性（中国語）	品詞（日本語）
名	名词	名詞
固	专有名词	固有名詞
代	代词	代名詞
動	动词	動詞
助動	助动词	助動詞
接	连词	接続詞
形	形容词	形容詞
副	副词	副詞
介	介词	介詞、前置詞
量	量词	量詞、助数詞
成	成语	成語
接頭	词头	接頭辞
組	2語以上からなる慣用表現や固定表現	

主な句読点（常用标点符号）

表記	名称（中国語）	使い方	例文
。	jùhào 句号	句点。平叙文の文末に付ける。	我给大家介绍一下我的拿手菜。
，	dòuhào 逗号	読点。文中の切れ目を表す。	我在一家便利店打工，一周打两次。
、	dùnhào 顿号	文中の並列した語句の切れ目を表す。	我家有四口人，爸爸、妈妈、妹妹和我。 她喜欢弹钢琴、听音乐。
？	wènhào 问号	疑問符。疑問文の文末に付ける。	你听说过这个城市吗？
！	gǎntànhào 感叹号	感嘆符。感嘆文や命令文の文末に付ける。	我喜欢舞蹈和我的小伙伴们！
；	fēnhào 分号	セミコロン。二つ以上の節の並列や区切りを表す。	我有两个好朋友。一个叫铃木仁；另一个叫山田大志。

:	màohào 冒号	コロン。説明文や引用文の前 などに用いる。	我先介绍一下食材：两个西红 柿、两个鸡蛋、油、西红柿酱、 盐和糖。
" "	yǐnhào 引号	引用符。直接引用する内容や 特別な意味合いの語に用い る。	"少年啊，要胸怀大志"是克 拉克博士的名言。
……	shěnglüèhào 省略号	省略されている部分を表す。	通过今天的体验，我好像又长 大了一点儿……
《 》	shūmínghào 书名号	書名や雑誌名、歌、映画など のタイトルに用いる。	我喜欢看《三国演义》。
——	pòzhéhào 破折号	ダッシュ。あとに意味の転換、 あるいは説明、注釈的な部分 が続く。	我读到孟子的名言——老吾老 以及人之老，幼吾幼以及人之 幼。

付録2

本文参考訳

第1課　自己紹介

　私は本田翔と言います。北海道大学二年生です。私の専攻は経済学で、勉強が忙しいです。コンビニでアルバイトをしていて、週に2回バイトをしています。趣味はダンスです。現在大学の中国ダンスサークルに所属しています。私たちは週に一回練習していて、よくイベントにも出ています。旅行も好きで、高校の時にイギリスに行ったことがあります。北海道にはたくさん有名な観光スポットがあります。最近免許を取得したので、車で北海道各地を観光したいです。

　私の家は滋賀県にあり、そこには有名な琵琶湖と彦根城があります。私は4人家族で、父、母、妹、私です。私は今年19才で、妹は私より2才年下で、高校生です。彼女はピアノを弾くことと音楽を聞くことが好きです。

　私は今札幌で一人暮らしをしていて、まだ慣れていません。最近カレーライスを作れるようになりました。私は海鮮とラーメンが大好きです。北海道のお寿司は種類が多くて、新鮮で、すごくおいしいです。私は『三国志』が好きなので中国語を履修しました。中国語を勉強して一年になりましたが、まだあまり話せません。中国語は英語より難しいと思います。いつか中国語を流暢に話せるようになりたいです。私は中国の歴史に興味を持っているので、万里の長城と兵馬俑に行ってみたいです。中華料理も好きなので、本場の北京ダックを食べてみたいです。

第2課　私の親友

　私の性格は少し内向的で、他の人と積極的に話すのがあまり得意ではありません。そのため、友達はあまり多くありません。でも、特に仲がいい親友が二人います。一人は鈴木仁といい、もう一人は山田大志といいます。

　鈴木は私の高校のクラスメートで、背は私とほとんど同じで、性格もとても似ています。彼はいつも私のことを理解してくれています。時々彼はもう一人の自分のように思えます。私は大学の中国語の授業で「知己」という新しい単語を勉強したばかりですが、鈴木とは「知己」だといえると思います。高校卒業後、私は北海道大学に進学し、彼は名古屋大学に進学しました。毎日会えなくなったけど、相変わらずよくお互いにメールを送り、各自の近況を話しています。

　もう一人の親友の山田は大学の同級生です。彼の性格は私と真逆で、明るい男の子です。彼は冗談を言うのが好きで、そのうえいつも私を励まして自信を持たせてくれます。彼の明るさに影響されて、私は最近少し外向的になった気がします。このような二人の親友が

いてくれて、私は本当に幸運だと思います。友達は私の一生の財産です。

第3課　ポスターを作る

　北海道に来てから、もっとも驚いたのは雪です。札幌の雪のシーズンはたいへん長くて、十二月から翌年の二月までです。時々何日も降り続け、地面の積雪はますます厚くなります。建物、道路、木が雪に覆われ、街全体が雪化粧して、まるでおとぎ話の世界のようです。しかし、積雪で人々の日常生活は不便になります。例えば、冬は自転車に乗れないし、歩く時も気を付けなければなりません。

　ある日、先輩が、もうすぐ卒業するから自転車をくれると言いました。私はとても喜びました。先輩は私を道端に連れて行き、雪山に埋もれた自転車を指して「これがそう。来年春になって雪がとけたら、この自転車は君のものだよ」と言いました。そして、自転車のカギを渡してくれました。翌年雪がとけた後、その自転車が出てきました。錆びついていて、かごも雪で潰れていたので、その自転車を修理しました。修理した後は、なかなかいい自転車だと思いました。今も毎日それに乗って通学しています。私は卒業する時に、この「雪中自転車」を一年生にあげたいと思っています。

第4課　私の得意料理

　みなさんに私の得意料理をご紹介します。

　中国では、トマトと卵の炒めものはみんながよく知っている家庭料理です。食材はシンプルで、作り方も簡単、おいしくて見た目もきれいです。

　まず食材をご紹介します。トマト2個、卵2個、油、ケチャップ、塩、砂糖です。

　トマトをきれいに洗い、乱切りにします。卵を茶碗に割って、塩を加えて混ぜておきます。

　それから調理を始めます。鍋を火にかけ、油を大さじ2杯入れます。油を熱してから溶いた卵を入れ、固まったら取り出します。続いてまた鍋に油を大さじ2杯入れ、トマトの乱切りを入れて汁が出るまで炒めます。それから炒めておいた卵を入れ、炒め合わせてからケチャップ、塩、砂糖を加えて1分間煮ればおいしいトマトと卵の炒めものが出来上がります。

　この料理はある中国人留学生が教えてくれました。彼女は子供の頃、お母さんがよくトマトと卵の炒め物を作ってくれたと言い、トマトと卵の炒め物は彼女の子供時代の美しい思い出だと言いました。

第5課　充実した楽しい一日

　今日は週末です。昼に家を出て、大学の何人かの友達と老人ホームへボランティア活動をしに行きました。

　私たちは大学で集合してから大学の近くにある老人ホームに行きました。お年寄りの

方々と雑談したり、将棋や囲碁などをしたりしました。他の大学の大学生たちはお年寄りの方々に出し物も披露していました。「千香」という名前の女子大生は歌が非常に上手で、笑顔も素敵で、みんな彼女のことを可愛いと褒めていました。私もとても可愛いと思いましたが、恥ずかしくて言えませんでした。お年寄りの方々はとても元気でかくしゃくとしていて、前向きで話し好きです。ある方は若い時の恋物語も話してくれました。みなさんと一緒に居ると、自分の祖父母を思い出しました。休みになったら、祖父母に会いに行こうと思います。

　午後、私たちは老人ホームを出て、喫茶店で一緒にお茶を飲みました。千香さんも一緒に喫茶店で話したり笑ったりして、本当に楽しかったです。別れる時に、私たちはお互いにLINEを交換しました。また彼女に会いたいと思っています。

　夜、読書をしている時に、孟子の「我が家の老人を敬い、その気持ちで他の老人も敬う。我が子を可愛がり、その気持ちをよその子まで及ぼす」という名言に出会いました。まさにその通りです。お年寄りや子供に対する態度は即ち社会と人生に対する態度だと思います。今日の経験を通して、私はまた少し成長できた気がします。

第6課　私の趣味

　私の趣味はダンスです。5才からバレエを習い始めました。何も分からない初心者が、軽やかにジャンプをしたり、優雅にターンをしたりできるまでになりました。年に一度のショーへの出演は、いつも楽しみでもあり、緊張もします。毎日の単調な練習を通して、私は少しずつ上達しています。それは、外国語を学ぶことと共通するところがあるかもしれないと思います。忙しい勉強の後、音楽に合わせて踊っている時が一番楽しいです。また、ショーに出ると、大きな達成感を得ることができます。しかし、もっと大きな収穫は、ちゃんと練習しようというモチベーションです。

　大学一年生の時、学園祭で中国舞踊を見て、深く引き付けられました。ダンサーたちはきれいな漢服を身にまとい、音楽に合わせてひらひらと舞い踊っていました。そこで、私も中国ダンスサークルに参加しました。私たちのサークルにはたくさんの中国人留学生がいます。ダンスのほかに、彼らと中国語を練習することもできて、一石二鳥だと言えます。この一年、私たちは何回も日中友好交流活動に参加しました。出演する度にたくさんの拍手をいただき、私たちと記念撮影をしたいというお客さんもいました。去年、大学で行われた国際文化コンテストに参加し、思いがけず二位を取ることができて、本当に嬉しかったです。

　ダンスは私に多くのものを与えてくれました。ダンスと仲間たちが大好きです！

第7課　アルバイト

　私の大学生活はとても忙しいです。勉強と課外活動の他にアルバイトもしています。今

は二か所でバイトしています。一つはコンビニエンスストアで、もう一つはドラッグストアです。私がバイトしているコンビニはローソンで、大学からとても近いです。私は一週間に二日バイトしていて、一日三時間働きます。基本的に火曜日と木曜日の夜六時半から九時半まで働いています。夜間のバイト代は比較的高いのですが、帰りが遅いとしっかり休めないし、学業にも影響がでると思います。だから私は九時半までしかバイトせず、（バイトが終わったら）すぐ家に帰ります。家に帰ったら宿題をしたり、講義で学んだことを復習したり、少しニュースを見たりなどして、入浴して寝ます。

　もう一つのバイト先のドラッグストアは駅の近くにあります。週末に一日バイトします。そこでも一日三時間働きます。お店はいつもたいへん忙しく、お客さんがとても多いです。中国人のお客さんもよく来ます。私は中国語で話をしたいのですが、みなさん日本語がとても上手なので、私が中国語を話す機会はありません。でも先週バイトに行った時に、一人の中年の男性が来店しました。その人は黒い革の鞄を背負っていて、その鞄に書いてある文字は中国語のようでした。そこで私は中国語で「こんにちは」と声をかけてみました。その人はそれを聞いてとても嬉しそうに笑顔で私にも「你好！」と言ってくれました。その後、その人がお店を出る時に、私はまた中国語で「ありがとうございました。またのご来店をお待ちしております」と言いました。その人も笑いながら私に手を振って、大きな声で「謝謝！」と返事してくれました。私はその人の笑顔に感動し、すごく嬉しくなりました。

　私はアルバイトが好きです。なぜなら、学校で学べない知識や体験、楽しさをバイトによってたくさん得られるからです。しかもお小遣いも稼げます。一石二鳥ですね。もちろん確かに少し疲れを感じる時もありますが、それでも続けていきたいと思っています。

第8課　卒業旅行

　高校3年の時、卒業旅行でイギリスに行きました。出発前にイギリスでの滞在を想像して興奮していました。17時間のフライトを経て、イングランド西部に位置する小さな町コッツウォルズに到着しました。

　到着後、私たちを受け入れてくれる家族が迎えに来てくれました。私が泊まるイギリスの家庭には、音楽の先生のお母さん、小学校二年生の息子さんがいます。着いたばかりの頃、息子さんは怖がって私と話をしてくれませんでしたが、何日かして私と楽しく一緒に遊んでくれるようになりました。

　二日目から私たちは近くの高校で、イギリスの高校生と一緒に授業を受け始めました。私たちはパワーポイントを作って英語でイギリスの学生たちに日本の伝統文化を紹介し、スポーツの親善試合にも参加しました。もうすぐ日本に帰国するという時に、私たちは親善パーティーを開き、自分たちの得意な出し物を披露し、みんなで楽しく過ごしました。

　週末には街や周辺を観光しました。コッツウォルズは世界で最も美しい三つの村の1つ

と讃えられています。私たちはその古い建築物と美しい景色に深く魅せられました。

　二週間の旅行はあっという間に終わりました。現地でイギリスの文化を学び、体験できただけではなく、たくさんのイギリス人の友人もできました。生活習慣が異なるところもありましたが、異文化交流を通して私の視野も広がり、非常に有意義だったと思います。

第9課　私たちの大学

　日本では「北大」は北海道大学を指します。北海道大学は札幌の中心部に位置しており、有名な観光スポットの1つです。キャンパスにはさまざまな植物が植えられていて、時にはリスや小さなキツネも見かけます。美しい自然の中にたくさん洋風の建築物があり、油絵のようです。どの季節でも美しく、日本一美しいキャンパスと呼ばれています。私は中央ローンが一番好きです。小さな川が緑の芝生を通り抜け、のびのびとした気持ちにさせてくれます。そこは学生が休み時間を過す場所であるだけでなく、市民の憩いの場でもあります。

　北海道大学の前身は1876年に創立された札幌農学校です。よく知られている「少年よ、大志を抱け」は初代教頭のクラーク博士の名言です。中央ローンの近くにクラーク像が立っていて、観光客の記念撮影スポットになっています。

　大学の総合博物館は300万点の標本や資料が収蔵されていて、マンモスの標本や恐竜の化石が展示されています。また、よくさまざまな講座が開かれています。1階にはミュージアムカフェとショップがあり、北海道のアイスクリームを味わうことができます。

　ここには私が興味を持っている専門課程があり、また大自然が好きなので、北海道大学を受験しました。ここで充実した楽しい学生生活を送りたいと思っています。

第10課　先生に推薦状をお願いする手紙

尊敬する王先生

　こんにちは。

　突然お手紙を差し上げますこと、失礼いたします。

　私は本田翔と申します。昨年先生の中国文化の講義を履修していました。先生の授業は生き生きとして分かりやすく、中国文化への興味が増しました。先生のご指導に感謝しています。

　私は中国と中国文化が非常に好きで、子供の頃から『三国志』を読んでいました。大学で中国語を勉強してからは、中国の映画と音楽にも強く興味を持つようになりました。しかし私の中国語はまだまだなので、さらに中国語を学んでこそ、中国文化をもっとよく知ることができると思いました。そこで私は中国に留学することに決めました。推薦状を書いていただけませんか。

　昨日、学生課で北京外国語大学が短期留学生を募集していることを知り、申請しようと

考えています。私の両親も私が北京に留学することに賛成してくれています。クラスに中国からの留学生がいて、彼は北京から来ているのですが、私が北京へ留学したいと知って、とても喜んでくれました。彼は「家に餃子を食べに来て」と誘ってもくれました。留学を通して、もっと多くの中国人と交流し、友だちになり、更に深く中国文化を理解したいと思っています。また、いま日進月歩の中国を自分の目で見てみたいと思っています。

　たいへんお忙しい中、貴重なお時間をいただき、私の手紙を読んでくださって、誠にありがとうございます。

　先生のお返事をお待ちしております。

敬具

学生：本田翔

20XX 年 6 月 15 日

第 11 課　私の故郷

　私は長らく故郷に帰っていません。天気予報で、故郷に雪が降ったと知りました。記憶の中の故郷の雪はとても優しく、いつも静かに空からひらひら舞い落ちてきます。家の近くの彦根城の美しい雪景色は私が一生忘れられない故郷のイメージです。

　私の故郷は日本の滋賀県彦根市です。11 万人しかいない小さな町で、日本最大の淡水湖である琵琶湖の東岸に位置しています。彦根は歴史が古く、今の町は 1622 年に完成した彦根城を中心に発展したものです。

　「ひこにゃん」は彦根市のマスコットキャラクターです。頭に暗赤色の武士の兜をかぶった白猫で、のんびりした動きで、人気を集めています。子供の頃、お城の周辺でよくひこにゃんを見かけました。ひこにゃんは彦根城の周りを散歩するのが好きなのです。私は可愛いひこにゃんグッズもたくさん集めています。

　彦根は美しい観光都市です。彦根城の名月は琵琶湖八景の 1 つです。琵琶湖畔の水泳場では、夏に鳥人間コンテストや北びわ湖大花火大会が行われます。また、春にはお花見ができ、秋には紅葉狩りができ、冬には雪見ができます。一年中四季折々の美しい姿が見られ、年におよそ 80 万人の観光客が訪れます。

　私は彦根の美しさに誇りを持っています。大学を卒業したら故郷に戻って就職するつもりです。あなたは彦根のことを聞いたことがありますか。私はあなたにお勧めしたいです。ぜひ私の故郷に来てください。

第 12 課　私の好きな本

　この本に出会ったのは大学に入ってからのことでした。

　ある日、先生の招待で先生の家に遊びに行きました。先生の本棚に小さな本を見つけました。私はその題名に惹きつけられました。私は文学に興味を持っているので、先生はそ

の本を読むべきだと言い、私にその本をくださいました。

　それは谷崎潤一郎の『陰翳礼讃』でした。陰翳という言葉はあまりいい意味を持たないのに、なぜ礼讃することができるのでしょうか。好奇心からこの本を最後まで読みました。

　この本は1933年頃に書かれたものです。当時の日本社会はかなり近代化が進んでいて、電灯、暖房など近代的な設備が日本の家庭ですでに一般化していました。作者は、まず明るい電灯がいかにして陰翳の美しさを損なったかについて述べています。物と物の間に生じる明暗に美が存在すると考えていました。この随筆集で、谷崎潤一郎は日本の伝統的な建築物、紙、厠、器、食、衣装、文学にある美意識を賞賛し、懐かしみました。彼は、明るさは欠点を暴露するだけではなく、人々の想像力を失わせ、陰翳は欠点を隠し、ぼんやりとしたものの美しさを生み出していると考えていました。

　現在、私たちは明るい電灯の下で生活しています。明るさは私たちの夜間の生活を便利にしました。今まで私はそれが美しいかどうかを考えたことがありませんでした。この本を通して、日本文化への理解を深めることができました。

単語索引

※　数字は、初出の課を示す。

交流	jiāoliú 名·動 交流、交流する	6
基本上	jīběnshang 副 基本的に	7
鸡蛋	jīdàn 名 卵	4
接触	jiēchù 動 触れる	10
街道	jiēdào 名 通り、街路	3
节目	jiémù 名 番組、出し物	5
接收	jiēshōu 動 受け入れる	8
结束	jiéshù 動 終わる、終える	8
接着	jiēzhe 接 続いて	4
进步	jìnbù 動·形 進歩する、進歩的である	6
近代化	jìndàihuà 組 近代化	12
近况	jìnkuàng 名 近況	2
紧张	jǐnzhāng 形 緊張する	6
静	jìng 形 静かである	11
景点	jǐngdiǎn 名 観光名所、観光スポット	1
经过	jīngguò 動 経る	8
竞技	jìngjì 名 競技	11
经济学	jīngjìxué 名 経済学	1
敬礼	jìnglǐ 組 敬具	10
景色	jǐngsè 名 景色	8
精神矍铄	jīngshénjuéshuò 成 かくしゃくとしている	5
惊讶	jīngyà 形 不思議がる、驚く	3
举办	jǔbàn 動 行う、開催する	6
举行	jǔxíng 動 行う	11
觉得	juéde 動 感じる、思う、～のような気がする	1
决定	juédìng 動·名 決定する、決定	10
均匀	jūnyún 形 均等である	4

K
开扩	kāikuò 動 広げる	8
开朗	kāilǎng 形 明るい	2
开始	kāishǐ 動·名 始まる、始める、初め	1
开玩笑	kāiwánxiào 組 冗談を言う	2
看望	kànwàng 動 訪ねる、会いに行く	5
考上	kǎoshàng 組 受かる	2
可爱	kě'ài 形 可愛い	5
科茨沃尔德	Kēcíwò'ěrdé 固 コッツウォルズ	8
克拉克	Kèlākè 固 クラーク	9
可谓	kěwèi 動 ～と言うことができる	6
恐龙	kǒnglóng 名 恐竜	9
夸奖	kuājiǎng 動 褒める	5
块	kuài 名 塊	4
脍炙人口	kuàizhìrénkǒu 成 （文章や事柄が）人々によく知られ親しまれている	9
枯燥	kūzào 形 単調である、面白みがない	6

L
拉面	lāmiàn 名 ラーメン	1
老人之家	lǎorénzhījiā 名 老人ホーム	5
乐观	lèguān 形 楽観的である	5
累	lèi 形 疲れる	7
立	lì 動 立つ、立てる	9
理解	lǐjiě 動 理解する	2
离开	líkāi 動 離れる	5
礼品店	lǐpǐndiàn 組 ギフトショップ	9
连我	Liánwǒ 固 ライン	5
联谊比赛	liányìbǐsài 組 親善試合	8
联谊会	liányìhuì 名 親善パーティー	8
了解	liǎojiě 動 理解する、よく分かる	10
另	lìng 代 別の	2
令	lìng 動 〈書〉～させる	9
铃木仁	Língmù Rén 固 鈴木仁	2
零用钱	língyòngqián 名 お小遣い	7
留念	liú//niàn 動 記念に残す	6
露	lòu 動 現れる、現す、さらけ出す	3
楼房	lóufáng 名 2階建て以上の建物、ビル	3
绿油油	lǜyóuyóu 形 青くてつやつやしたさま	9
罗森	Luósēn 固 ローソン	7

M
埋	mái 動 埋める、覆う	3
满	mǎn 形 いっぱいである	6
忙碌	mánglù 形 忙しい、せわしい	6
漫天	màntiān 形 空いっぱいに広がる	11
冒昧	màomèi 形 僭越である	10
美感	měigǎn 名 美感、美に対する感覚	12
美好	měihǎo 形 美しい、すばらしい、よい	4
美丽多姿	měilìduōzī 組 美しく多彩である	11
朦胧	ménglóng 形 ぼんやりとかすんでいる	12
孟子	Mèngzǐ 固 孟子	5
迷住	mízhù 組 魅了する	8
明暗	míng'àn 名 明暗	12
明亮	míngliàng 形·名 明るい、明るさ	12
名言	míngyán 名 名言	5
明月	míngyuè 名 明月	11

N
拿到	nádào 組 手に入る、手に入れる	1
拿手菜	náshǒu cài 組 得意料理	4
内向	nèixiàng 形 内向的	2
能否	néngfǒu 助動 できるかどうか	10

66

童话	tónghuà	名 童話、おとぎ話	3
童年	tóngnián	名 幼年時代、子供時代	4
头盔	tóukuī	名 兜、ヘルメット	11
推荐	tuījiàn	動 推薦する、薦める	11
推荐信	tuījiànxìn	名 推薦状	10

W

外向	wàixiàng	形 外向的	2
碗	wǎn	名 茶碗	4
玩具	wánjù	名 玩具、グッズ	11
完全	wánquán	副 完全に、まったく	2
为~而~	wèi~ér~	組 ~のために~	11
位于	wèiyú	組 ~に位置する	8
温柔	wēnróu	形 優しい	11
武士	wǔshì	名 武士	11
舞者	wǔzhě	名 ダンサー	6

X

习惯	xíguàn	動・名 慣れる、習慣	1
西红柿	xīhóngshì	名 トマト	4
西红柿酱	xīhóngshì jiàng	名 ケチャップ	4
希望	xīwàng	動・名 希望する、望む、希望	1
西洋式	xīyángshì	組 西洋式、洋風	9
吸引	xīyǐn	動 引きつける	6
下棋	xià//qí	動 将棋や囲碁をする	5
下去	xiàqu	組 ~し続ける	7
现在	xiànzài	名 現在、今	1
像	xiàng	動 似ている	2
像~一样	xiàng~yíyàng	組 ~のようだ	9
乡村	xiāngcūn	名 村	8
相当	xiāngdāng	副 相当	12
相反	xiāngfǎn	形 逆	2
香喷喷	xiāngpēnpēn	形 香り高い	4
想起	xiǎngqǐ	組 思い出す	5
想像	xiǎngxiàng	名・動 想像、想像する	12
小白	xiǎobái	名 初心者、ど素人	6
笑容	xiàoróng	名 笑顔	5
小跳	xiǎotiào	動 ソテ（バレエの飛ぶ動き）	6
消息	xiāoxi	名 情報	10
小心翼翼	xiǎoxīnyìyì	成 慎重である、注意深い	3
校园	xiàoyuán	名 キャンパス	9
校长	xiàozhǎng	名 校長	9
小镇	xiǎozhèn	組 小さな町	8
心旷神怡	xīnkuàngshényí	成 心がゆったりとして 愉快な気持ちである	9

欣赏	xīnshǎng	動 すばらしいと思う	12
新闻	xīnwén	名 ニュース	7
新鲜	xīnxiān	形 新鮮である	1
信心	xìnxīn	名 自信	2
兴奋	xīngfèn	形 興奮する	8
性格	xìnggé	名 性格	2
幸运	xìngyùn	形 幸運だ	2
胸怀大志	xiōnghuáidàzhì	成 大志を胸に抱く	9
锈迹斑斑	xiùjìbānbān	成 錆びついた	3
修理	xiūlǐ	動 修理する、直す	3
休闲	xiūxián	動・形 のんびり過ごす、休む、レジャー	9
选手赛	xuǎnshǒusài	名 選手権大会	11
选修	xuǎnxiū	動 選択して履修する	1
雪堆	xuěduī	名 雪のたまり	3
学会	xuéhuì	組 マスターする	1
雪季	xuějì	名 雪のシーズン	3
雪景	xuějǐng	名 雪景色	11
学园节	xuéyuánjié	名 学園祭	6
学长	xuézhǎng	名 先輩、学兄	3
叙述	xùshù	動 述べる	12

Y

压	yā	動 押す、押さえる	3
盐	yán	名 塩	4
演出	yǎnchū	名・動 出演、出演する	1
掩盖	yǎngài	動 覆い隠す	12
烟花	yānhuā	名 花火	11
眼界	yǎnjiè	名 視野	8
彦根城	Yàngēnchéng	固 彦根城	1
彦根喵	Yàngēnmiāo	固 ひこにゃん	11
阳光大男孩儿	yángguāngdànánháir	組 明るい男の子	2
样子	yàngzi	名 様子	8
邀请	yāoqǐng	動 誘う	10
钥匙	yàoshi	名 鍵	3
药妆店	yàozhuāngdiàn	名 ドラッグストア	7
夜间	yèjiān	名 夜間	7
也许	yěxǔ	副 もしかしたら~かもしれない	6
异	yì	形 異なる	8
以~为~	yǐ~wéi~	組 ~を以て~となす	11
易懂	yìdǒng	形 分かりやすい	10
一度	yídù	組 一度	6
义工	yìgōng	名 ボランティア活動	5
以后	yǐhòu	名 ~の後、~してから	3
一会儿	yíhuìr	名 しばらく	7

著者

楊　彩虹
　　北海道大学　特任准教授

趙　晴
　　翻訳家、詩人、大学非常勤講師

陳　敏
　　甲南大学　非常勤講師

表紙・本文デザイン　メディアアート

文章力アップ！伝わる中国語作文

検印
省略　　　　　　　　Ⓒ 2021 年 10 月 1 日　初版発行

著　者　　　　　　　　　　　　　楊　彩虹
　　　　　　　　　　　　　　　　趙　晴
　　　　　　　　　　　　　　　　陳　敏

発行者　　　　　　　　原　　雅　久
発行所　　　　　　株式会社 朝 日 出 版 社
　　　　〒101-0065　東京都千代田区西神田 3 - 3 - 5
　　　　　　　　　　電話(03)3239-0271・72(直通)
　　　　　　　　　振替口座　東京　00140-2-46008
　　　　　　　　　http://www.asahipress.com/
　　　　　　　　　　　　　　倉敷印刷

黑龙江

黑龙江

松花江
哈尔滨

长春　吉林

内蒙古自治区

沈阳

辽宁

朝鲜

北京市

呼和浩特

恒山

区

渤海　天津市

河北

银川

石家庄

太原

济南　泰山

山西

陕西

山东

黄海

韩国

日本

黄　河

嵩山

郑州

江苏

西安　华山

河南

合肥　南京

太湖

上海市

湖北

武汉　黄山

杭州

长　江

庐山

鄱阳湖

浙江

重庆市

洞庭湖

南昌

东海

长沙　江西

湖南

贵州

衡山

贵阳

福建

福州

台北

北回归线

台湾

台湾海峡

广西壮族自治区

广东

南宁　西江

广州

澳门　香港

越南

海口

海南

南海

50°

45°

40°

135°

35°

30°

25°

130°

20°

110°　　115°　　120°　　125°

0　　　400　　　800km